フェリックス・ガタリ

Félix Guattari

Edited by Gary Genosko and Jay Hetrick

Machinic Eros : Writings on Japan

機械状エロス

日本へのまなざし

ギャリー・ジェノスコ＋ジェイ・ヘトリック 編

杉村昌昭＋村澤真保呂 訳

河出書房新社

Félix Guattari © Keiichi Tahara

Félix Guattari © Keiichi Tahara

Félix Guattari © Keiichi Tahara

機械状エロス　日本へのまなざし

目次

I　フェリックス・ガタリの日本論（杉村昌昭訳）　7

機械状エロス　日本へのまなざし

I　フェリックス・ガタリの日本論

誇らしげな東京

ビルのてっぺんで光輝く立方体(1)。航空標識のためか？　神々に呼びかけるためか？　いやおそらく、ボローニャの中世の塔のように、誇り高さによってだろう。

日本人が話し相手に示すあの真似しがたい注意深さ。それは突然自分が尊敬に値する人間にでもなったような気分にさせ、自分もそれを真似て他人を新たな優しさでながめようとする――あてどなくも抗しがたい――誘惑に駆り立てる。

そして捉えがたい侵犯の曲折の果ての、究極の空虚の岸辺における拒絶と放棄。視線に漂う誇りと優しさと暴力。

女性的・母性的諸価値がいたるところに存在しながら、しかし厳重このうえなく囲い込まれ抑圧されているという逆説。そうした抑圧のこれみよがしの姿。

モザイク都市を跨ぐ三層のコンクリートからなる〝ハイウェイ〟。その大腿部は通り道のすべてを威圧する歌舞伎役者さながらに大きく開かれている。毎日何千人とパラシュート降下する新住民、征服をたくらむ何百もの企業。都市の世襲財産の不条理な圧延。

毎年いったい何人のアルピニストが命がけでヒマラヤの最も近寄りがたい斜面をよじ登ろうとするのか私にはわからない。ただその半数以上が日本人だということを私は思い起こす。

何が日本人をかくも走らせるのか？　利益と贅沢の魅力か、記憶のなかに烙印された欠乏への恐怖か？　あるいは、なによりも〝渦中に身を置く〟ことへの情熱、私が〝機械状エロス〟と呼ぶものだろうか！

日本の子どもになることを想像してみよう。われわれの未来の幼年期は日本的なものになるかもしれないのだから。

ただしこれを資本主義的小児病やその集団的ヒステリーゾーン——幼児的退行を思わせる〝かわいい！〟シンドロームや、マンガへの耽溺、甘ったるい音楽の氾濫（私の好みからすると汚染のなかでも最悪のもの）——と金輪際混同してはならない。

西洋由来の流行はすべてなんら抵抗に遭遇せずにこの列島の岸辺に上陸してきた。しかしわれわれの〝資本主義の精神〟を浸しているユダヤ‐キリスト教的罪責感の波がこの列島を呑み込むことは決してなかった。日本資本主義は突然変異体なのか？　幕藩体制時代の封建主義から受け継いだアニミズムの力と、いまやこの地ではすべてがそこに収斂されていくように見える近代の機械状の力との怪物的交雑の結果なのか？

外面化された内面性。一義的な有意性への還元に逆らう外面性。表面に立脚したこの民族は新たな深さを生み出す。その結果、内部と外部はもはや西洋人の慣れ親しんだ排他的対立関係を維持することはなくなり、主体性の組成に固有の記号的素材は都市のエネルギー的‐時空間的構成の諸要素と分かちがたく結ばれることになる。

いつなんどき癌性の腫瘍で窒息させられるかもしれないのに、東京はさまざまな相の下に昔からの実存的領土、ミクロコスモスとマクロコスモスのあいだの先祖伝来の親和性を透かし見せている。そのことは東京の原初的形状（その素晴らしい夢幻的探査を安部公房が小説『燃えつきた地図』のなかで行なっている）において明らかであるが、公共の空間を私的領域のように扱っているかに見える群集の分子的行動のなかにも見てとることができる。

はたして次のように言うだけで十分なのだろうか。すなわち、陰と陽、生のものと焼いたもの、アナログな図像性とデジタルな言説性――こうした昔からある両面が日本では互いの延長線上でいまも結びつくことができるのだ、と。あるいはまた、多くの人類学者がそれで満足しているように、日本人の脳は今日、その右半球と左半球が合体しているのだといった類いの、脈絡を欠いた有害な戯言を述べておけば十分なのだろうか。

こうしたアルカイックで単純化した見方ではない別のアプローチをしてみなくてはならない。そうすれば、この日本的誇り高さの現在的形象をよりよく理解できる視野が開かれるだろう。そして、男根支配の君臨のなか、時として不条理な域にまで達する功業への意志のなか、順応を強いる外的記号への違反と必ず結びついた恥の意識の圧倒的力のなかなど、日本社会のいたるところに見え隠れするマニ教的（善悪二元論的）肯定をもっとよく理解することができるようになるだろう。

日本社会におけるこの規範への崇拝、美術品のように錬成されたこの〝規範主義〟は、そのなかに根源的な異端性、密かな離反性を秘蔵していないだろうか？　この規範が知覚不可能な（少なくとも西洋人の目からは）特異化への道程の仮面や支柱にすぎないとしたらどうだろうか。互いに似通った親密なしぐさの織りなす脱領土化された曼陀羅。礼儀を重んじ、時間を守り、魂を浄化する儀式に服従するといったことのもたらす誰も口に出して言わない享楽は、曖昧な志向性の彷徨を体現しているかのようだ。しかしそこにおける微小な差異を起点にして、自我の均衡ではなく大規模な集団的突出が増殖していくのである。

だが罠もある。この分子的な資本主義機械は日本人エリートを歴史的に形成されたブルジョワジーの領土化された快楽主義から一時的に遠ざけて、彼らをいま一度、致死性の権力意志のなかに陥らせかねないのだ。

「山谷を支援する有志の会」の招きで、ヤクザが佐藤満夫を暗殺した現場に巡礼した。(2)この革新的映画監督は、日本における明日の保障のない日雇い労働者たち、不安定労働者たち、反抗者たちの実態を描こうとしたのだった。

山谷はおそらく絶対的貧困以上に既成秩序に対する決定的拒否を体現するのだと安部公房は指摘している。安部は自分自身が〝山谷にふさわしい〟人間でありたいと言明してもいる。

東京が西洋資本主義の首都たることを拒否し第三世界の解放の首都になるという目眩のするようなもうひとつの道がちらつく。


［このテクストはガタリ自身の手で一九八六年一月二日と日付を付されたタイプ原稿である（IMECの整理番号はGTR14‐24）。これは日本語に訳されて以下の書物に収録されている（訳者は浅田彰）。『東京劇場——ガタリ、東京を行く』（株式会社ユー・ピー・ユー、一九八六年四月二十五日）。また雑誌『ミュルティテュッド』（*Multitudes*, no 13, été, 2003）にも採録されている。さらにガタリの拙訳書『エコゾフィーとは何か——ガタリが遺したもの』（青土社、二〇一五年）にも収録されている。本書に収録するにあたって改訳したことをおことわりしておきたい。］

訳注

（1）「これは高松伸の建築作品（キリンプラザ大阪）への示唆である」とガタリは原稿で注記しているが、このテクストが東京を扱ったものであることを考えると適切ではないと思われる。ビルの屋上に光る広告塔はいくらでもあるので、日本の大都市を象徴するものと理解していただきたい。

（2）佐藤満夫（一九四七〜一九八四）は一九八四年十二月に暗殺された。山谷のホームレスについてのドキュメンタリーを撮り始めた直後であった。映画はその後仲間たちの手で完成され、『山谷―やられたらやりかえせ』というタイトルで各所で上映され好評を博した。

粉川哲夫によるインタビュー――〈トランスローカル〉をめぐって

第一部（一九八〇年十月十八日）

粉川　まず自己紹介させてください。一九七二年に出版された、あなたとジル・ドゥルーズの共著である『資本主義と分裂症』の第一巻『アンチ・オイディプス』は、現代のラディカルな思想についてわれわれの研究仲間に衝撃を与え、その翌年くらいから、私はあなたの著作に親しむようになりました。しかし一九七五年にニューヨークを訪れるまで、私はあなたの理論についてそれほど深く考えることはありませんでした。そのときから私はニューヨークに足繁く通うようになったのですが、そのニューヨークで私は『サブ・スタンス』（*sub-stance*）とか『ディアレクティック』（*Dialectiics*）、『セミオテクスト』（*Semiotexte (e)*）といったような雑誌を通して、あなたの論説とさらに親しく接するようになったのです。しかしそのとき同時に、アメリカの伝統的な反体制勢力が目に見えて衰え、それに取って代わって、多国籍企業が強力に頭をもたげ、情報伝達や広告の技術が日常生活にしだいに深く浸透しつつあるのを私は目の当たりにしました。そういった状況のなかでは、以前のような革命的集団に望みを託すことはますます困難になっているのみならず、反体制集団すら、支配システムによって一種の内部調整の道具として利用されかねないのです。それに、支配システム自体（これは共産主義国家の場合とはいささか異なるのですが）が、システムの内部にそのようなメカニズムをつくりだすことにやぶさかではない。これはポール・ピッコーネの用語で言うなら〈人工的否定性〉ということです。似たような流れが、もっと小規模ではあるけれど、もっと密度の高いかたちで、あちこちで出現してもいます。たとえば日本でも同じような現象が起きているわけです。しかしながら、まさにこのような状況であるからこそ、あなたのミクロ政治学的な分析や戦略、あるいはあなたの言う多様性とか〈欲望する機械〉、〈横断性〉といったような基本的概念に自覚的な組織化のくわだてが、私には真実味を帯びてくるのです。支配的システムによるコントロールが巧妙になればなるほど、あなたの分析や批判が真実味を増してくるのです。私があなたの理論に関心を持ったきっかけはこんなところです。そこで最初の質問ですが、あなたの言うミクロ政治学とマクロ政治学とはどういう関係にあるのでしょうか？

ガタリ　まずミクロ社会的なものとマクロ社会的なものを区別することが必要だと思います。社会集団の規模を考慮に入れる必要があるということですね。そのうえで、ミクロ政治学的な問題とマクロ政治学的な問題、言い換えるなら、分子的政治の問題とモル的政治の問題とを分けて考えなくてはなりません。

粉川　わかりました。私の関心はミクロな政治とマクロな政治がどう関係しているかということです。

ガタリ　マクロ政治的な現象、たとえばカーターやジスカールデスタンあるいは田中（角栄）といった連中の政策、彼らの選挙対策用の政策は、ミクロな政治の次元ではいかなる効果も持たないでしょう。逆に、たとえばフェミニズムの運動や同性愛者の運動、あるいは精神医療のオルタナティブな運動といったようなミクロ政治的な闘争は、マクロな政治の次元では一見効果を持たないように見えますが、一国全体さらには地球全体のレベルで非常に広がりのある効果を持ちえるのです。ですから私は、私が分子的無意識と呼ぶもののなかのミクロ政治的な変化が、フェルナン・ブローデルが〈長期的〉と呼ぶ次元、つまり歴史的次元を含んだ状況変化をもたらすことができるということ、それに対して、モル的レベルにおける政治的・社会的な大闘争は局地的な事件や出来事にとどまり、社会組織を本当に変えることはないということ、この二つを区別して考えなければならない、と言うわけです。

粉川　私に理解できないのは、最近のヨーロッパにおける反動的流れです。とくにイタリアでは、警察力を駆使したひどい弾圧が登場しています、この流れは市民社会をソフトな仕方で巧妙にコントロールすることができなくなった権力システムの退行現象なのか、それとも何か先進的な新型の支配様式なのか、どうなんでしょう。また、こうしたヨーロッパにおける弾圧的流れは、アメリカのような柔軟な自己制御システムが欠如しているために生じていることとも考えられるのですが？

ガタリ　第一に、あなたの言うヨーロッパとアメリカの違いが今後も存在し続けるとは私には思われません。二つのシステム、つまりソフトな社会的コントロールのシステムと、旧来の民主主義的システム——個人の人権を保障する一定の法的手続きに基づく司法の独立システム——を一掃するようなハードな弾圧のシステムとが共存しうると考えなければならないでしょう。これは〈統合された世界資本主義〉の進展にともなう一般的現象であると私には思われます。トリラテラル・コミッション〔三極委員会＝日米欧委員会〕の報告でも、一定の民主主義的自由と現代資本主義の再構成とのあいだには一種の矛盾が存在するということを明瞭に指摘しています。いま述べたことについて二点補足しておきたいのですが、第一に、アメリカのネオリベラルの経済学者の幻想が文字通り幻想にすぎないということがいずれ明らかになるでしょう。近代における資本主義の発展は必ずしも民主主義の進歩や社会進歩に向かうとはかぎらないということです。第二に、私が思うに、われわれは自由のための闘争について抱いている旧来の考えを再検討しなくてはならないということです。つまり、自由というのはブルジョワ民主主義の問題であって労働者階級の闘争や革命闘争にとっては根本的な目標ではない、という考え方を考え直す必要があるということです。法の擁護や司法の独立のための闘い、イタリアやフランスなどにおける無法な弾圧に抗する闘いは、必要欠くべからざる根本的な任務になっているのです。要するに、人権のための闘いは、ソ連や中国などの国々にとって重要であるばかりでなく、資本主義諸国の内部においても、きわめて重要なものであるということです。

粉川　そういった社会機構を使った支配については、まったく同感です。しかし私がひっかかるのは、政府がなぜ警察力などによるハードな弾圧技術を使わねばならないのかということです。

ガタリ　それは重要な質問ですね。私の見るところ、根本的な問題は、資本主義の現在の傾向のなかに、おそらくかつてはあまり見られなかった資本主義のある現実が現れてきているということでしょう。資本主義というのは、単に賃金制度を通して経済的価値や剰余価値を引き出す方式ではありません。資本主義は本質的にあるタイプの社会的分割や社会的差別を強化するために権力を引き出そうとするシステムなのです。賃金制度という経済的手段は資本主義の介入手段のひとつにすぎず、これ以外に、性差別、人種差別、年齢差別、知識や教養を有している人とそうでない人との差別化といったものを作動させる別の要素がたくさんあるのです。今日、資本主義は自動車生産や大規模工業を通じての剰余価値だけでなく、マスメディアによる生産、リビドーの造形、〈囲い込みネットワーク〉の確立などに関心を寄せています。かつて資本主義はルノーの工場のような重工業にもっぱら関心があると思われていたのですが、いまでは、マスメディアをはじめとする文化に関わるあらゆるものに関心を示しているのです。そしてそれにともなって状況は悪化し、矛盾が深刻化しているのです。資本主義の問題はもはやより多くの労働力を引き出し搾取することではない。そういった点では問題は解決されてしまったのです。いまや資本主義の問題は権力構成体によるコントロールの強化を保証することなのです。今日、矛盾は賃金の問題とか労働時間の問題、あるいはマルクス主義的な剰余価値論からすれば労働力の搾取といった問題などではないのです。日本やドイツやEUで賃金を二倍にし、労働時間を二分の一にすることだって想像可能ですが、そうしたからといって資本主義が死滅するわけではないでしょう。真の問題は幾千万人もの人間が飢えで死にかけているということであり、女性が抑圧状態に置かれているということであり、若者が未来に希望を持っていないということであり、このシステムが不条理であるということなのです。資本主義の真の問題はこれであり、このことを忘れてはならないということです。真の問題は欲望の行き着く先を問うことであり、したがってわれわれにとっては〈分子革命〉の問題なのです。

粉川　たいへん興味深い話ですね。あなたの言う資本主義の〈囲い込みネットワーク〉の基礎にあるのは家族主義であると考えていいのでしょうか？

ガタリ　それだけではありません。

粉川　しかし資本主義の〈囲い込みネットワーク〉のいちばん有毒な基礎は家族主義ではないのでしょうか？　アメリカでは、私の知るかぎり、一種の家族解体現象が急速に進行しています。誰もそれをコントロールすることはできないのです。しかしながら、他方で、新しいコントロールの仕方が登場してきています。それはメディアやビデオやテレビです。この新たなコントロール技術が戦略的な市場技術になっているのです。たとえば家族の解体をコントロールできなくても、その代わりに一種のメディア・ファミリーが機能するわけです。そうした混沌たる状況のなかで、アメリカのラディカルたちは、われわれの抑圧された欲望を解放し、家族主義を克服するために、まさに家族構造を解体する同性愛者の運動にたいへん関心を抱いているのです。

ガタリ　もちろん、夫婦や家族や家庭生活などを改めて問題にすることはたいへん重要なことです。しかし罠に落ちないように注意を払わなくてはならないでしょう。それ以外にも考慮すべき問題がたくさんあるのです。たとえば、一方に、私が個人の下部的構成要素（infrapersonal components）と呼ぶもの、つまり身体、超自我、法、抑圧、自己創造といったものに関わる問題があります。そして他方に、社会生活の全領域、教育、文化、音楽、スポーツといったものに関わる個人の上部的構成要素の問題があります。これは包括的現象なのです。アメリカ人は人によってはプラグマティックな奇跡的な解決法をさがそうとしているように見うけられます。つまり超越的瞑想の実践ですね。また、家族内のコミュニケーションの改善を志向している人たちもいますね。どちらにしても一種の技術なのですが、実際には単にそうした部分的な技術の問題ではなくて、これは既存の分子的諸関係の相対的変革の問題なのです。そしてこうしたあらゆる領域において、資本主義は幻想を生産し回収する巨大な潜在力を持っていると思われます。私にとって分子革命は、局地的でミクロな革命、ミクロな局地的解放のくわだてといったものの合計ではなくて、社会的領域の総体、主体化の様式の総体における無意識の形成を、ありのままに分析的に把握することなのです。

粉川　ちょっと突飛な質問かもしれませんが、あなたは性関係において家族に取って代わる集団モデルのようなものを何かお考えでしょうか？

ガタリ　いや、私には処方箋はありません。それは変革運動全体を背景として出現するものでしょうね。何かいいモデルを見つけたら変わるというふうなものではないと思います。十九世紀の終わりに、社会主義者たちは社会を変えるためにはまず人々を教育しなければならないと考えましたが、それは同じような幻想ですね。

粉川　六八年五月の運動は、あなたによると、〈多様な分子的欲望の節合による触媒作用が大きな力を発揮した〉ということですが、七七年のイタリアの運動はどうなんでしょうか？　同様のことが起きたということなのでしょうか？

ガタリ　イタリアは十年ほど前から一種の巨大な社会的実験室なのです。そこでは資本主義のさまざまな方向や傾向が脈動しているのです。これまで社会の周辺にあったものが新たなコンテクストのなかに置かれて、その意味を完全に変えてしまいました。いま、イタリアでは、四百万人もの人々が闇労働に従事していますが、これがきわめて重要な経済的ファクターになっています。というのは、この不法労働がイタリアの輸出力を高めるファクターのひとつになっているからです。イタリアでは、労働に対する新しい態度が現れています。もちろんこれまでも、働きたくない人々、ホームレスや、社会に適応できなかったり社会の周辺に追いやられた人たちがいましたが、ここにきて、何十万もの若者が既存の労働形態を拒否するようになったのです。彼らは単に一定のタイプの生産だけでなく、既存の生産関係や流通関係を拒絶し、さらには労働力を誘導しようとする旧来の組合組織や政治組織といったものをも拒否するのです。六八年のフランスと七七年のイタリアの違いは、フランスでは労働者階級がすぐにＣＧＴ〔共産党系の労働組合〕によって囲い込まれてしまったのに対して、イタリアでは学生のみならず都市のさまざまに境遇の異なった若年労働者がアウトノミアと呼ばれる新しいタイプの組織をつくり、新しいタイプのものの見方、新たな社会的労働闘争の構造化を図ったということです。

粉川　アントニオ・ネグリはそういった流れからラディカルな社会変化の可能性を引き出そうとしたということでしょうか？

ガタリ　もちろんそうです。ネグリとは七九年の四月以来の友人なのですが、この場を借りて、ネグリの逮捕、投獄がいかに根拠のないものか訴えたいと思います。彼を拘束すべきいかなる証拠もないのですから、まったくひどいものです。ネグリの裁判だけでなく、いま投獄されているアウトノミアの同志たちの裁判もおそらく行なわれることはないでしょう。ネグリは、ようやくいま検証され始めている近年のイタリアの状況を、早くから明らかにしようとした理論家のひとりなのです。それはブルーノ・トレンティンのようなイタリアのCGTの幹部すら認めていることです。

粉川　昨年、ニューヨークで、イタリアの弾圧に反対する委員会が私の友人たちを中心につくられました。他の諸国でも同じような動きが起きています。しかし日本では、残念ながら、私の書いた小さな記事以外にこの弾圧について報じられていません。イタリアの自由ラジオについてもあまり知られていません。あなたはどういういきさつでラジオ・アリチェ［イタリアの代表的な自由ラジオ放送］と関係を持つようになったのですか？　これはあなたの分析や戦略と密接な関係があると思うのですが。

ガタリ　私は数年前からイタリアのさまざまなアウトノミア運動の潮流と関係を持っています。それで当然ラジオ・アリチェとも接触があって、この自由ラジオのスタッフがボローニャで投獄されたとき、同志たちが私に救援を訴えかけてきたのです。この投獄はなんとイタリア共産党の要請に基づいて行なわれたのですがね。ともかくわれわれは七七年九月に彼らの逮捕に抗議する大きな集会を開いたのです。五十万人以上もの若者がボローニャに集まったのですが、それがイタリア共産党の私に対する敵意をかきたてました。その後われわれはフランスでも自由ラジオを開始し、それがきっかけで訴訟や警察とのいざこざが相次ぎました。しかしこの運動はいまでは大きなものになっています。というのは、しばらくたってから組合や政治党派が自由ラジオに関心を持ち始めたからです。なぜかというと、フランスでは、ラジオやテレビの独占がきわめて抑圧的な働きをしていたからです。いまや、百ほどのグループが電波の独占に抗して密かに放送を続けています。

粉川　そういったラジオ運動にあなたがコミットする理論的背景を教えていただけませんか？

ガタリ　まず言っておかねばならないことは、私が何かに参加するとき、必ずしもそこに理論的根拠を見つけようとはしないということです。つまりなんとはなしに引きずり込まれてしまうわけです。しかしいまは、ラジオのようなメディアを創設して大衆的に利用するということは根本的に重要なことだと思っています。青年や労働者や闘う女性が直接管理するラジオは、活動家と大衆の新しいタイプのコンタクト、いままでよりもはるかに直接的なコンタクトを可能にします。私がいまコミットしている〈ラジオ・パリ80〉では、毎日何十回も電話がかかってきて、それを直接流しています。これは私の言う横断的コミュニケーションですね。なぜかというと、誰かがラジオで直接話すのを聞くということは、記事や書かれたものを伝達するのとはおおいに違うからです。つまりそこには、単にメッセージの伝達だけではなくて、情動の伝達など、別のタイプの記号作用があるのです。そういう意味で、ビデオや自由テレビの利用も、大きな手段になると思いますね。

粉川　あなたは機械に関わる用語を好んで使いますね。たとえば〈agencement〉（動的編成）、〈rencontre〉（遭遇＝接触）、〈segmentation entre deux pièces〉（二つの部品の節合）といったような。こうした用語は、主体／客体とか生産／再生産といった分離的思考に陥らないためにとても有効だと思われます。あなたはあなた独自の用語法や表現スタイルをどのようにしてつくりだしたのか、お聞かせいただけませんか？

ガタリ　われわれ〔ドゥルーズと私〕が著作のなかで使っていて、われわれの著作を読む読者にも共有してほしいとわれわれが望む概念システムの機能の問題ですね。そうした概念システムが実際に機能するかどうかが肝心なのです。つまりわれわれにとって概念は決して万能なものではないということです。そうではなくて、概念はある特殊な領域で機能する道具なのです。概念自体に科学性が内在しているなどということをわれわれは絶対に信じません。それは馬鹿げた考えだと思います。一例を挙げましょう。〈déterritorialisation〉（脱領土化）という発音しにくいフランス語があります。おそらく日本語でも発音しにくいでしょう。この概念は人類学や民族学のなかで出会った〈territorialisation〉（領土化）という言葉を元にしています。それはアフリカの部族に見られる権力の領土化をめぐる話のなかにおいてのことなのですが、われわれは逆にそうした権力の領土化が生じない政治システムに関心を抱いて〈déterritorialisation〉という言葉をつくりだしたのです。そしてこの言葉はただちに別の領域においても機能し始め、たとえば〈脱領土化〉した宗教とか〈脱領土化〉した感情というふうなことを言いうること、また、ある種の社会には〈脱領土化〉の一般的動きが存在するということに気がついたのです。この概念が機能するなんらかの領域があれば——たとえばこの概念を引き継いだ造形芸術家を知っているのですが——、この概念が一般的に受け入れられるかどうかはどうでもいいことなのです。機能するかどうかが重要なのです。仮に機能しなくても、われわれはいっこうに困ることもありません。また別のタイプの概念を使って探究していけばいいだけのことですから。われわれはわれわれのつくりだす概念に普遍性があると主張する気はまったくありません。われわれにとっては弁証法とか抽象化といった概念は満足のいく仕方で機能しないものなので、この〈脱領土化〉という概念をつくりだしたのです。しかし多分、他の人たちは弁証法とか抽象化といったようなもっと伝統的な概念で自分たちに満足のいく結果を得ることもできるでしょう。機械という概念についても同じことが言えます。われわれは機械という言葉を技術機械という意味だけでなく、理論機械、美学機械、社会機械、経済機械といった意味でも使えると考えたのです。そしてその延長上で、機械という言葉のさまざまな機能の仕方の一種の集約として〈欲望する機械〉という言葉を発案するにいたったのです。似たような一例として、たとえば生物学者が遺伝子コードを扱うさいに〈エンジニアリング〉という言葉を使っているということを指摘しておきましょう。

第二部（一九八〇年十月二十四日）

粉川　まず自由ラジオというメディアについてお話をうかがいたいのですが。

ガタリ　私はしばらく前からイタリアのアウトノミアの友人たちとコンタクトがあって、彼らを通して自由ラジオが社会闘争の刷新手段のひとつとして重要であることを理解するようになりました。自由ラジオは諸個人と表現手段とのきわめて直接的な関係を打ち立てることができるのです。それは他の手段に比べて格段に直接的な表現手段となりうるのです。

粉川　それはボローニャで始まったラジオ・アリチェのあとのことですか？

ガタリ　そうですね。フランスの自由ラジオは一九七八〜七九年に始まりました。フランスの自由ラジオは放送の中身がどうのこうのというよりも、むしろそれ自体がひとつの運動なのです。つまり海賊放送という行為を広げていこうという意見運動と言ったらいいでしょうか。それはさまざまな異なったやり方を使った一連の運動として始まりました。まず一定の場所に開局して恒常的な放送を開始したのですが、これは警察の介入をまねきました。たとえば〈ラジオ・パリ80〉がそうですね。それとは違って、数人の人間だけで放送する小さな局がたくさんつくられました。なかには放送局などとは言えないようないしろものもありました。つまりコンサートや政治集会をやっている人たち自身がその場から発信して様子を伝えるというものですね。いまは市民ラジオ放送の運動が台頭してきています。したがって非常に多様な行動形態があるわけです。われわれの関心は単に大きな局を開設して認知させるということではなくて、ラジオだけでなくビデオやテレビなども含めてすべての手段を人々の新たな表現手段として使えるようにしようというわけなのです。このことが政府のみならず組合などをも不安にさせているのです。だから政府はいまやローカルな局を許可しようという――ただし地域の名士や責任者がコントロールするという条件付きで――妥協案を考えてもいるのです。しかしイタリアで七七年の出来事があってから、自由ラジオは一種の社会的ダイナマイトであると権力は考えているのです。ラジオは一表現手段にすぎないのだから、これはまったく馬鹿げた考えですがね。ラジオは現実にどんな社会グループと関係を持つかによって進歩的にも退歩的にもなりうるのです。結局ラジオの技術的革新、発信手段の極小化といったものは、たとえば再生産手段の変化に喩えることができるのではないでしょうか。つまり革命的なのは手段そのものではなくて、問題はこの手段を社会グループがどう利用するかなのです。そう考えれば、この手段の自由化を要求することはまったく正当なことだと思われます。複写機やフォトコピーの使用を禁じているのはソ連くらいのものです。電波使用の自由化は飛行機との通信や救急車を攪乱するとか言って、われわれに反論する連中がいますが、それはインチキな議論です。第一にわれわれが要求しているのは射程距離のそんなに長くない到達範囲の小さい発信手段であるということ、第二にわれわれは自由ラジオの連合に敵対するものではないし、政治的・制度的なコントロールではない技術的コントロールなら受け入れる用意があるということです。

粉川　いまはすべてが非合法なわけですね。

ガタリ　もちろんそうです。私はいくつも訴訟をかかえているし、ラジオ技術者である息子は訴訟だけでなく機材の差し押さえもくらっています。絶えず警察につけまわされて、逮捕、差し押さえ、罰金といった弾圧に見舞われているのです。

粉川　いま機能している局はありますか？

ガタリ　〈ラジオ・パリ80〉が活動しています。

粉川　何時間くらいやっているのですか？

ガタリ　場合によりけりですね。バカンス中は止めましたが、だいたい日に十時間ほどやっています。

粉川　どんな番組をやっているのか教えてもらえませんか？

ガタリ　オルタナティブ運動のグループについての情報を流したり、人々が局に電話をかけてきて話す内容を直接流したりしています。たとえば、われわれは情報の流通のための特別の社会的プレス・ネットワークを持っていません。オルタナティブなプレス・ネットワークをつくろうとすればつくれるのですがね。だからその代わりに局に電話してくる人たちと直接議論するわけです。それから、番組としては、各種の集会や音楽グループをルポしたものがたくさんあります。いろいろなグループからカセットテープや録音がわれわれのところに届けられると、それを直接流すことにしています。ラジオ・アリチェの創設者のひとりであったイタリアの友人が自由ラジオのよさをこう言っています。それは以下のようなことです。たとえばラジオのスイッチをひねると奇妙な音が聞こえてきたりする。マイクを落とした音なわけです。そのあと言い争う声が聞こえてきたりもする。そのラジオを聞いている者は、〝あ、これは自由ラジオだぞ〟と思う。ここが重要なのです。つまり自由ラジオから聞こえてくるのは、決まりきった声や音とは全然違うのです。言語的な訓練を行なった連中とは違うのです。これが一種の覚醒に通じるのです。つまり、ラジオは誰でもできるぞ、自分でもできるぞ、自分のラジオでしゃべることができるぞ、ラジオでしゃべるのに有名人である必要はないぞ、という考えを触発するのです。

粉川　あなたは自由ラジオでスキゾ分析について話したことはありますか？

ガタリ　とくにないですね。しかし自由ラジオはそれ自体がマスメディアのスキゾ分析のようなものです。われわれはスキゾ分析について話す必要はありません。自由ラジオをやっていること自体がスキゾ分析なのですから。

粉川　一般に、従来のマスメディアの基本的機能というのは、すべてを集中して同質化するということですね。自由ラジオの運動にはそれと異なったどういう機能があるのでしょうか？　たとえば脱集中化とか多様化といったことでしょうか？　そのへんのところを理論的に説明していただけますか？

ガタリ　自由ラジオの問題は単なる情報の民主化をはるかに越えたものを含んでいます。私とドゥルーズは欲望の〈動的編成〉（agencement）の次元においては、いわゆる国語は存在しないと考えています。われわれは国語という概念を問題に付しているのです。国語はつねに国家権力の形成に対応しています。しかしわれわれは、実際には、多様な動的編成、つまりさまざまな記号化を行なわなければならないのであり、たくさんの異なった言語、少数言語といったものを日常的に話しているのです。子どもたち同士が話している言葉は子どもが親と話している言葉とは違いますし、郊外で話されている言葉は大学で話されている言葉と違います。さらに言うなら、テレビで話されている言葉は日常生活で話されている言葉と同じではないし、愛をささやく言葉は文字言語とは違います。辞書や学校や公的メディアなどは、言語はひとつであるということ、すべての言葉は一般言語に翻訳可能であるというふうに信じ込ませようとしています。しかし、たとえばアメリカの言語学者たちが黒人英語は通常のアメリカ英語とは異なるということを証明しています。また言語学者のなかには女性の話す言葉は男性の話す言葉と必ずしも同じではないという説を唱える人もいます。そこで、メディアの話に戻るのですが、こうしたさまざまな言葉の特性を押しつぶすのではなく、逆にそれを自由に表出させることのできる代替メディアを考えることができるわけです。大事なのは、そういったさまざまな違いを尊重し、さまざまに異なった言語に対応する欲望の特異性に表現手段を与えるということです。したがってメディアは二つの方向に向かいうるのです。ひとつは、すべての人を同じ言語によって統合し、一様化し、同じ感情や行動に導いていく方向。もうひとつは、言語とは何か、行動とは何か、ある集団に特有の欲望とは何か、子ども、同性愛者、詩人、学者といったような集団はどのように生きているのか、といったような問題を感じ取らせる手助けをするという方向。要するに欲望の特異性を伝えるということですね。

粉川　ジル・ドゥルーズが一九七六年に『カイエ・デュ・シネマ』のインタビューを受けたとき(十一月号)、ゴダールとあなたのことを持ちだしていますね。ドゥルーズはおおよそこんなふうに言っています――ゴダールは観客がお金を払う現在の映画システムを批判している。観客が映画製作者からお金を支払われるべきだというのだ。これはガタリがすでに言っていることと同じである。つまり精神分析家は患者からお金を取るのではなく患者にお金を支払うべきであるとガタリは言っている。

ガタリ　かつてお金と精神分析をめぐる諸問題を取り上げたフロイト派のある会議で、私は、精神分析家だけでなく患者も同様に作業をするのだから、両者ともお金を支払われなければならないのではないか、と冗談まじりに言ったのです。しかし議長がただちに話をさえぎってしまいましたがね。

粉川　それはとても重要なポイントだと思います。

ガタリ　そう、重要な点ですね。西側だけでなく東側も含めて私が〈資本主義的〉と呼ぶわれわれが生きている社会は、おしなべてある一定のタイプの生産しか価値化しないのです。交換価値と使用価値というマルクス主義的な対概念でわかったようなつもりになってはいけないと思います。私はそこに二つの異なったタイプの価値、つまり欲望の価値と私が機械状の価値と呼ぶものを導入して、交換価値はこの欲望の価値と機械状の価値に節合されるものでもあるということを理解しなければならないと思います。機械状の価値というのは創造の価値、発明の価値です。今日、技術革新、科学的方程式といったものは、それらが生産過程のなかでただちに有用なものでないかぎり、交換価値のレジスターのなかに組み込まれることはありません。しかし交換価値に直接組み込まれなくても資金援助に値する美的価値や科学的価値が存在するのです。機械状の価値や欲望の価値といったものは、女性の家事労働、子どもの学校での勉強などを使用価値と見なすべきなのと同様の意味で、交換価値のなかに挿入されるべきものでしょう。こういうふうに言うと、いささかユートピア的なビジョンと思われるかもしれませんが、これはわれわれに資本主義的価値化の様式とは何かを理解し、それを批判することを可能にしてくれるものなのです。問題は労働の社会的分業がどこに行き着くかということです。労働の社会的分業はつねに資本主義的価値に向かって収斂していきます。しかし、それが日常生活、環境の整備、欲望の価値、創造の価値といったようなまったく別の社会的到達点に向かって収斂していくことも想像できるのです。資本主義は生産された商品の希少性に基づくヒエラルキーのシステム、社会的差別のシステムをつくりだしました。しかし、機械状の価値というものは必ずしも商品の希少性に依存するものではありません。したがって、人間の活動が希少性の経済価値に支配されないような社会を想像することもできるのです。それこそが私が分子革命の展望と呼ぶものであり、要するにそれは労働の社会的究極目標を変えることなのです。生産機械が希少性をなくすほど十分に発展すれば、それは可能になるのです。ところが資本主義は希少性を維持し続け、地球上に飢えをもたらしているのです。資本主義は希少性を人工的に生産しているのです。資本主義が自らを維持するために希少性を生産するというまったく馬鹿げたことがまかり通っているのです。たとえば大学の希少性です。全員が大学で勉強できないわけです。なぜなのか？　あるいはメディアにおける表現の希少性もあります。スターやスポーツ選手だけが登場する。なぜなのか、ということです。

粉川　そういう意味でも自由ラジオは重要なわけですね。あなたは自由ラジオの運動にコミットし続けるつもりですか？

ガタリ　もちろんです。われわれは、以前は小グループにすぎなかったのですが、いまでは、社会党やさまざまな左翼運動、CGTまでもが、自由ラジオを擁護し始めています。ただCGTはラジオ・ロンウィという自由ラジオを閉鎖させましたがね［ロンウィはベルギーとの国境地帯にある小都市］。恐くなったのですよ。その頃自由ラジオは全国的な話題になっていました。ロンウィでは製鉄所の閉鎖に反対する大きな労働争議が起きました。で、一年半にわたって労働者が自由ラジオ放送を行なったのですが、それは他の組合やグループにも開かれたラジオでした。それがCGTの指導部の気に入らなかったのです。こういう場合、まったくいつも同じ結末にいたるのです。国家的中央集権主義の思想がいたるところに存在していて、たいていの組織のなかで機能しているのです。

第三部（一九八一年五月二十二日）

粉川　以前二度インタビューしたとき、私はあなたの精神分析批判について、あえておたずねしませんでした。というのは、あなたに会った日本の専門家があなたの精神分析批判について当然何か書いていると考えたからです。しかし、そういう話題をあつかっている新聞・雑誌がまったくないということがわかりました。それは日本ではヨーロッパやアメリカと違って、フロイトの精神分析は最近ようやく定着し始めたばかりだからでしょう。ですから、あなたの精神分析批判は日本にとってはおそらく時期尚早だったのだと思います。そういうわけで、ここでは、読者のためにいくつかの基本的知識を教えていただければありがたく思います。とくにあなたの唱える〈スキゾ分析〉と、R・D・レインのような〈反精神医学〉とか〈ラディカル・セラピー〉といったものとの違いについてお聞かせいただけますか？

ガタリ　ごくかいつまんで図式的にお話ししましょう。フロイト的精神分析だけでなくラカン派の精神分析つまり構造主義的精神分析というものは、すべてを言葉の問題を中心として展開します。そういうふうにして、いわば古典的心理学では把握できないすべての現象を引き受けようとしたのです。したがって彼らは主体性の新しい大陸と呼ばれるものを発見するにいたったのです。しかし彼らは、この新たな大陸を踏査するかわりに、十八世紀や十九世紀の植民地探検家のように行動したのです。つまりこの時代の探検家たちは、アフリカ大陸やアメリカ大陸で何が本当に起きているかということに関心を持ったのではなくて、現地の人間をヨーロッパ的生活様式つまりヨーロッパ資本主義に適応させようという方向に努力をそそいだのです。精神分析家たちもこれと同じことをしたのです。彼らは人間の夢や、やり損ない、精神病、幼年期の心理、神話といったものに関心を持ったのですが、こういう領域の特殊な論理を深く理解するためにではなくて、それを支配的な理解様式、支配的な生活様式に引き戻そうとしたのです。家族の三角的（オイディプス的）構造をあてはめたり、現実の解釈の仕方を鋳型にはめたりしたのです。ですから私の批判は、彼らの言うことはわれわれの社会の現実から逸脱しているということなのです。私は彼らを批判して、運動や国際組織や流派を形成したり、技術マニュアルを作成しようなどと思っていません。ただ、この無意識の大陸の現実的な現れ方を考察し分析しようとしているだけです。それは自然発生的に現出するものではありません。さまざまな問題に立ち向かう社会集団のなかに現れるものなのです。したがってわれわれは、社会的領域には無意識の問題があるということ、そしてこの問題は単に精神科医や精神分析家といった専門家に関わるだけでなく、あらゆる人々、たとえば地域や学校や活動家集団などのなかで自らの生を生きようとしているすべての人々にも関わる問題なのだということを明らかにしなくてはならないのです。こうした人々は誰でも無意識の問題に直面しているのです。たとえば、仮にあなたの新聞や活動グループのなかでリーダーと目される人が他のメンバーを疎外したりするとき、あるいはメンバーのなかで男のファロクラシー的行動や、タブー、不安、恐れといったような問題が生じたとき、あなたは一連の心理学的・心理病理学的なテーマに直面しているわけです。そのときあなたはどうすべきか？　それはわれわれの問題ではない、われわれは活動家である、指導者である、教育者である、だからこういう問題は精神科医や精神分析にまかせればいい、というわけにはいかないでしょう。〈スキゾ分析〉はまさにこれらの問題はあなた自身の問題でもあると宣言するのです。そこには単に人間的連帯という意味だけでなく、高度に政治的な理由も含まれています。なぜなら、あなたがもしこういう問題を引き受けないなら、あなたはまちがいなくドグマ的な政治をすることになり、今日なによりも主体性の生産装置として君臨し、マスメディアや集合的施設を利用した主体性のマニピュレーターとして現れている資本主義の機能を絶対に理解できないからです。そしてあなたは、今日社会闘争はいかにあるべきかということが理解できないまま、十九世紀と同じような階級闘争を続行し続けることになるのです。いまや社会闘争は無意識の主体性の問題、そして無意識の生産を標的にしているあらゆるマニピュレーションの問題を引き受けなければならないのです。

粉川　従来の精神分析はラディカルなものであってもミクロな階級闘争と結びつかないとお考えでしょうか?

ガタリ　いっさいの心理社会学的な技術、アメリカのゲシュタルト・セラピーのすべての技術、集団的精神分析のあらゆる技術、さらには家族セラピーの流行といったものは、ミクロ社会的、ミクロ政治的な諸問題を回避するということを、私は確認しているのです。ただし家族セラピーの潮流のなかに〈ネットワークの実践〉と呼ばれる流れがあって、これはそういった問題を取り上げようとしています。そのなかには、モニー・エルカイムという理論家にして実践家でもあるベルギーの精神分析家がいて、彼はアメリカで仕事をしながら精神医療の国際ネットワークをつくろうとしています。そして他方で、地域の闘争や具体的な制度のなかで生じる問題と家族セラピーが両立しうることを証明しようとしています。これはまだ萌芽期ですが、とても将来性のある流れですね。私自身も彼らの催す集会や会議に幾度か出席しました。しかし今日、大部分の理論や技術が社会領域とリビドー領域のあいだに一種の分離を設け続けています。ライヒやマルクーゼといった大理論家さえ、政治経済とリビドー経済は根本的に同じものではない、同じ領域に属するものではない、と考え続けていたのです。私は逆に、政治経済とリビドー経済は絶えざる相互作用の関係、リゾーム的関係を維持していると考えているのです。マスメディア、情報処理、情報通信といったものの進化が、いまや生産や労働が主体性の生産やマニピュレーションの問題と緊密に結びついていることを証明しています。今日、労働は完全にマスメディア化され情報技術化されつつあります。つまり主体性の問題は絶えず物質的・非物質的生産過程の内部で生じるのであり、したがって政治経済とリビドー経済を分離することはできないのです。

粉川　〈革命家はスキゾ過程に働きかけながら革命モデルを見つけていかねばならない〉というふうにあなたが語っていると、多くの人が述べているのですが、これについてはいかがでしょうか。

ガタリ　いまはもうそういう言い方はしませんね。昔、精神分析やラカン主義から区別するためにそう言っていたのです。当時はラカン主義の影響力が非常に強くて、ちょうどドゥルーズと一緒に『アンチ・オイディプス』を書いた頃のことです。われわれは精神分析のモデルは本質的に家族概念と家族に関わる神経症から継承したモデルであるということを言おうとしたのです。つまり精神分析のオイディプス的概念にわれわれは反対したのです。ほかにもさまざまな機能様式があるからです。まず前資本主義社会あるいは原始社会における機能様式、そこにおけるオイディプス化以前の子どもの機能様式や精神病者の機能様式などがあるのです。われわれは精神病化にはさまざまな過程が存在すると言ったのです。しかし精神病はすぐに精神医学に結びつけられてしまうので、われわれとしては〝スキゾ〟という言い方をしたのです。社会をつらぬくさまざまなスキゾ過程があり、それは単に心理病理学の問題ではなくて、創造の問題でもあるのです。そういう言い方の人はあらゆる状況において支配的な意味作用と断絶することができるのです。そういう言い方の人言葉尻を捉えて、〈つまりあなたがたは、分裂病者は革命家であるというわけですね〉と言う人たちが出てきたのです。しかしわれわれは一度もそんなことを言ったことはありません。分裂病者は精神病院に閉じ込められた不幸な人々ですよ。われわれが言っているのは、分裂病者のなかにも、幼年期のなかにも、創造活動のなかにも、いたるところに、スキゾ過程を見いだすことができるということです。しかし、あなたの引用したような言い方があまりにも多くの誤解を生み出したので、いまとなっては、それは忘れたほうがいいと思います。

粉川　私の理解では、分子的分析の目標は〝欲望の奔流〟あるいは〝リビドーの奔流〟を解き放つことだと思うのですが、多くの読者がこういった概念を何か異常なものとか非合理的なものと誤解していますね。

ガタリ　あなたがおっしゃったことは、いま私が述べたスキゾ過程の問題と同じ問題です。ドゥルーズと私が欲望と呼んだものは、フロイトが欲動とかリビドーと呼んだものとはまったく違います。この点ではフロイト自身もずいぶん変化していますがね。とにかくわれわれは、欲動の下部構造が欲動の表象に変容するなどとは言っておりません。われわれが主張しているのは、社会であれ、機械であれ、われわれを取り巻くすべてのものに――当然生そのものにも――さまざまな機能様式が存在するということです。フロイトの言う一種の恒常性の原理に依存する、層状態をなしながら始原状態に戻ろうとする機能様式がある一方、イリヤ・プリゴジンの表現を借りて私が不均衡的と呼ぶ、層状的均衡にはほど遠い機能様式があります。われわれが言う欲望とは、意味作用であれ、構造であれ、状況であれ、なんであれ、それまでの均衡が断ち切られて、この切断が破局をまねくのではなく、増殖、創造、われわれが新しいタイプの可能性と呼ぶものを生み出すということなのです。たとえばミッテランの登場は、これから多くの人々によって破局として生きられることになるでしょう。ブルジョワジーにとっては、自分たちはどうなるだろうという真っ暗闇の状態なのです。彼らにとっては、フランスは終わりだ、という危機感です。しかし私はそうは考えません。ミッテランは毛沢東のように天才的な公式を編み出すことはできないでしょう。そうではなくて、さまざまな可能性が増殖するだろうということです。その可能性が、私が欲望と呼ぶものなのです。すべてが不可能だと思われていたところに何かが創造される。欲望とはそういうものです。若い男と若い女の恋愛を考えてみても、それは部分対象を所有することでも領土を獲得することでもないでしょう。それはリビドーの作用に還元できないものです。それはまず何よりも、ある牢固たる世界、恋愛で言えば二つの牢固たる世界に、その直前まで不可能と思われたことが可能なこととして出現することなのです。そのとき、それぞれ家族や自我や自分の殻に閉じこもっていた二人が、何か別のものの出現、別の可能性の出現を見るのです。この可能性はカップルになったり結婚したりすることによって再び閉じられ、回収されてしまうかもしれない。しかし、いずれにしろ、恋愛というのは、それまで送っていた生活とは別の可能性を垣間見させるものです。そして恋愛にともなって、セクシュアリティー、愛撫、衝突、嫉妬等々の問題が生じるのです。しかし欲望というのは、まず何よりもこうした別の可能性の世界の発動であり、だからこそわれわれすべての問題なのです。欲望とは、既存の経済、層状化された経済、反復の経済と断絶することによって出現する可能性の経済にほかならないのです。この可能性の経済は人々を夢中にさせる何かです。それは因果律によるものではないし、一見合理的でもありません。しかし今日、物理学者が熱力学の不均衡理論を唱えるのと同様の意味で、きわめて合理的なものでもあるのです。欲望とは、言ってしまえば創造性であり、システムの変化、構造の切断なのです。それは反科学的なものではまったくなくて、同時に政治的、科学的、社会的、実践的でもあるような、世界に対する別のタイプのアプローチなのです。たしかに可能性の科学というものはないし、科学の定義から言って、新しいものを予見する科学というものもありません。しかしこのようなアプローチは完全に合理的なものです。といって、すべてが可能であり、すべてがいつなんどきでも起こりうるということを言っているのではありません。むしろその逆です。非合理的なのは、いまあるようなものごとの状態が今後も持続すると考えることです。日本やフランスがいまの軌道の上を将来も変わらずに走り続けると考えることこそがまったく非合理的で馬鹿げたことなのです。たとえば日本の青年が日本社会に、どんなとてつもない変化をもたらすかということを考えることのほうがはるかに真面目なことでしょう。想像を絶する極貧のなかで生きている地球上の何億もの若者が何をもたらすのか、世界中の飢えはこのまま続くのか、といったようなことを考えねばならないのです。そうしてみたら、何かが起こるのではないかと考えるほうがよほど合理的であることがわかるでしょう。私はそれが何であるかは予言できませんが、何かが起きるだろうということだけは予言できます。こんな状態が続くことはありえないのであり、われわれは来たるべきこの変化、聖書にも、資本論にも、毛沢東語録にも、ミッテランの綱領にも書き込まれていないこの変化を支援するために、あらゆることをしなければならないでしょう。

粉川　〈多数多様体〉（multiplicité）という概念について説明していただけませんか？　あなたはこれを〈分子的多数多様体〉と〈モル的多数多様体〉という二つの方向に分けているように思われます。この概念は集合概念なのでしょうか？

ガタリ　そうですけど、この概念はライプニッツだけでなく、古典哲学にも一貫して見いだされるものであって、ドゥルーズと私の発明ではありません。われわれがこの概念を使って行なおうとしたのは、主体／客体という対概念からの脱却です。主体／客体の対概念は多数多様体の概念と寄り添ってはいるのですが、多数多様体は主体でも客体でもありません。これは、われわれは人間の世界観を唯一無二の形而上学的真理と見なしていないという意味において、根本的に唯物論的な選択なのです。この観点からすると、主体と客体の分割以前に何かが存在するのであり、重要なことは主体化の位置どりであり、現実の主体化といったものがどのように確立されるかということを理解することであるということになります。もうひとつは、社会的な動的編成、人間的な動的編成といったものはどのような仕方で現実と接続するかということです。これが二つの重要な問題ですね。図式的に言うと、あらゆるコミュニケーション装置を通して表象のシステム、シニフィアンの図式、迂回のシステムといったものがつくられると、この表象の指示対象の位置どりが決まり、主体が登場して、情報や表象を資本化（蓄積）し記憶するということになります。主体はさらにこの資本化に応じて自らの諸関係、自らの世界を組織していきます。ニーチェは、人間に記憶をもたらすには残酷きわまりない方法を用いねばならなかったと言っています。その記憶とは社会的主体のことであり、私が多数多様体のモル的加工処理と呼ぶのはこの記憶のことなのです。それはいわば専制君主やイエス・キリストあるいは多数多様体の代表者の化身でもあるのです。しかし当然のことながら、そのままの状態が続いたら袋小路に陥ります。なぜなら専制君主やイエス・キリストという表象はイコンのような何か観照の対象にすぎないものになって現実との接点を失うからです。これとは別のタイプの過程、別のタイプの加工処理、私が多数多様体の分子的加工処理と呼ぶものが登場したとき、はじめて何かの作用、現実との接触、変化といったものが生じるのです。この一連の動きをドゥルーズと私は〈ダイアグラム的機能〉と呼んだのです。つまり自分たちの言いたいことをわかりやすくするために、表象とダイアグラム的表現を対置したわけです。たとえばサイバネティクス的な自動制御の簡単な例を挙げましょう。あなたが車を運転しているとして、普通あなたは車の機能にサイバネティクス的に従属していますね。つまり、あなたの反射神経、知覚、道路から受け取るシグナルといったものが、あなたがいちいち何かを考えることなしにあなたを機能させるわけです。あなたはあなたがどうすべきかということを思い描くにはおよばないのです。もちろん思いがけないシグナルがあなたの意識を覚醒させることもあります。そしてその場合、フィードバックシステム、記号的な制御システムを変えるために表象が介入することにもなりましょう。しかし普通に機能している場合、それは多数多様体の分子的加工処理の次元に属しているのです。〈フェリックス、さあ、手を変速装置の上に置きなさい〉などと言う主体は存在しないのです。それは、まだあなたが運転を知らないときに、先生が〈足はこちらに置いて、これをして、あれをして〉といった場合とは違います。あるいはあなたが精神病者になったとして、階段を昇るときに、〈ぼくには足があるだろうか、足の具合はいいのだろうか〉などと自問するときとは違うでしょう。そんなことをしていたら転んでしまいますよね。要するにあなたが普通に歩いたり踊ったりしているとき、あなたは何も考えずにそうしているのです。あなたはいちいちあなたの足のことや足の動きを思い描いたりしないでしょう。このように二つのタイプの機能の仕方を区別することができます。ひとつはダイアグラム的機能で、そこでは記号が主体や表象の媒介を経ずに機能します。もうひとつは表象的機能とでも言うのでしょうか、そこでは記号が、あるコードや表象的イコンあるいはシニフィエといったものを参照しながら機能するのです。しかし二つとも多数多様体である点では同じであって、ただ加工処理の仕方が二つあるということなのです。道路上にあるボタンやシグナルなどは同じ多数多様体であっても、それがモル的機能として捉えられたら、運転手は〈私はいま何をしているのか、ブレーキをかけるべきか、私はどこにいるのだろうか〉といったようなことになるのです。しかしそれが運転の上手な人によって自然な流れとして機能するならば、その人は別のことを考えながらでも、夢を見ながらでも、あるいは居眠りをしながらでも、処理することができるのです。私は運転をしながらよく居眠りします。また運転をしながらあれこれものを考えます。大ピアニストは自分の指や楽譜のことを考えないものです。大ピアニストはおそらく自分の演奏のこと、自分が演奏している作品の創造的本質などについて考えながら弾いているのです。〈三小節あとにむずかしい音程が出てくるから注意しなきゃあ〉などとは考えていないのです。それはまだ駆け出しのピアニストでしょう。しかし彼らが向き合っているテクストや楽譜などは同一の多数多様体であり、ただ加工処理の仕方が違うだけなのです。

粉川 あなたの思想のなかで私がいちばん理解しにくいのは、あなたの記号論へのコミットです。それはたいへん複雑に思えます。あなたは記号論をどう解釈しているか説明していただけませんか？ あなたは記号論をいろいろなタイプに分けていますね。たとえば〈シニフィアンの記号論〉、〈非シニフィアンの記号論〉、〈ポスト・シニフィアンの記号論〉等々といったように……

ガタリ 単純に考えてみましょう。ある構造、たとえば物質の構造、岩の構造といったような例を考えてみたらいいと思います。結晶の構造は形を再生産して伝達しますね。形は原子によって伝達されます。したがって、形と実質は互いに完全に内属的関係にあると言うことができるでしょう。これが第一の点です。動物や植物の場合、形は、化学連鎖式とは区別されるコードあるいはコードの系列によって伝達されます。つまり複雑な分子をつくりだしているのはＲＮＡ（リボ核酸）の連鎖的代謝であって、これが再生産システムをつくっているのです。コードは自立しているのであって、したがって構造からコードへ移行するとき、ある分離、コード化の様式の自律化が生じるということです。人間の行動を例にとるとして、そこには遺伝的コードにはよらない伝達様式があります。言葉やテクノロジーによって行なう学習や記憶の作動といったものがあります。これもまた別の意味で分離と言えます。私はこれを記号論と呼んでいるのです。記号論とコード論の違いは、記号論が記号システムを解釈システムとつなげて直線的に利用するのに対して、コード自体は必ずしも直線的ではなく、コードの機能、コードのシンタックスはコード化の様式に由来するということです。ここで、たとえばチョムスキーがシンタックスと呼ぶものと、このシンタックスによって操られる要素、内容や表現といったものとを区別しておかねばなりません。なぜなら、表現と内容は遺伝的コードのなかで結びつけられているのに対して、シンタックスは自律化しているからです。この自律化したシンタックスを私は記号機械と呼ぶのです。ただし記号機械にはあらゆる種類のものがあって、たとえば音楽の記号機械は方程式や化学に使われるテクノロジー的記号機械と同じではありません。またお金の支払いなどのときに機能する記号機械もあります。こうしたお金や代数の方程式あるいは音楽といったような記号機械はそれぞれ異なった記号機械なのですが、いわゆる意味作用という現象を生産しないかたちで機能するという点では同じ記号機械でもあるのです。もちろん通常の意味作用とは別の意味での意味作用があると言えばあるので、たとえばベートーベンの音楽のテクストの記号論もありうるわけです。〈ああ、これは田園交響曲を思わせる〉とか〈小鳥の鳴き声を想起させる〉とか言えるのですが、仮に田園交響曲を聞きながら小鳥の鳴き声を想起したとしても、それはテクストのなかに書き込まれているわけではありません。これは〈非シニフィアンの記号論〉に属するのです。方程式にしても同じことで、橋をつくるのに方程式を使うことはできても、方程式が橋をつくるわけではありませんね。意味作用をもたらすのは応用なのです。要するにこれも〈非シニフィアン〉の記号論に属するのです。人間の言葉も同様です。それは音素とか語彙素といった非シニフィアンの連鎖と意味作用を交ぜ合わせたものです。ところで私がこうした非シニフィアンの記号論に対置するシニフィアンの記号論は、権力の行使に関わるものであり、いわば権力機械の構築の仕方のひとつなのです。そしてこのシニフィアンの記号論は、他のすべてのコード、他のすべての記号論を横領するものなのです。〈おまえは君主として、専制君主として考えなくてはならない。そういう思考に適応しなくてはならない〉といった権力支配の様式は、社会的に優勢なシニフィアンのコード化と両立するのです。そうすると、他のすべての特異的な意味作用はこの支配的な意味作用に従属し適応しなければならないことになるのです。これまでの歴史のなかで大きな権力構成体を作動させてきたのは、つねにシニフィアンの記号論なのです。もちろん宗教を作動させてきたのもそうです。なぜなら政治的・経済的権力は宗教的権力なしには考えられないからです。宗教的権力はさまざまに異なったタイプの権力をいかに結び合わせるかという解釈を提示するのです。子どもであるとか大人であるとか、男であるとか女であるとか、といった事柄を結び合わせ、イニシエーションのシステムを提示するのです。つまりあるシステムから他のシステムへの移行を導くのです。人が神や専制君主や自分自身や家族のために何かを生産するということが政治的・経済的次元で可能になるためには、意味作用を解釈する機械が必要なのであり、宗教機械がその役割を果たしてきたということです。

粉川　要するにあなたの記号論は機械状無意識と関係があるということですか？

ガタリ　そうですね。シニフィアンの記号論がつねに社会や権力と関連しているのに対して、非シニフィアンの記号論はものごとの真理と関連しているからです。コンピュータや情報機器のなかでコード化された記号は、物理－化学的な過程や諸機械のテクノロジー的な編成などにもじかに働きかけるのです。そう考えると、マルクスが生産諸関係と呼んだもののレベルと生産諸力と呼んだもののレベルでの二重の記述が可能になるのです。生産諸関係はつねにシニフィアンの記号論の虜であるのに対して、生産諸力はつねに非シニフィアンの記号論と関係しているのです。そして機械状無意識の加工処理は、まさにこの二つの記号論の節合に依存しているのです。無意識はこのレベルにおいて機械状なのであり、またこのレベルにおいて人類学的でもあるのです。

［ここに翻訳した粉川哲夫による三部構成のガタリインタビューのテクストのオリジナルはインターネット上に公開されていたもので、それを編者のひとりジェイ・ヘトリックが独自に構成して本書に収録したのがこのインタビューである。ただし元々のインタビューテクストは粉川のベルギーの友人ジャン＝ポール・ジャケが作成したものである。このあたりの事情は私（杉村）と粉川の共編著『政治から記号まで——思想の発生現場から』（インパクト出版会、二〇〇〇年）のなかで粉川が詳しく説明しているので、関心のある方はご参照いただきたい。また元々のインタビューテクストの邦訳はこの粉川との共編著に拙訳で収録してある。今回、本書に収録するにあたって、基本的にヘトリックの構成（これは元々のテクストの圧縮版と言える）に従いながら、粉川との共編著に収録した拙訳を改訳するというかたちで邦訳を行なったことをおことわりしておきたい。付言するなら、このインタビューは粉川の適確な問いかけによって、ガタリの革新的資本主義批判と実践的革命思想が浮き彫りになっている貴重なテクストであることを強調しておきたい。］

舞踏

田中泯

暗黒を引き継ぎ
日本的奇跡の踏跡にその禅の焔をゆらめかせ
感覚の異境に踊る
器官なき身体
産業的アイデンティティの此方で
語りのプログラミングの彼方で
光の速さでゆっくりと
動物の水平状態へ
宇宙から舞踏をひき剝がすために
強度のダイアグラムをひく

ありうるすべての光景が交差するところ
欲望の骰子一擲の舞踏術は
生誕が切れ目なく生起する線の上で
俳句－事件のリズムとリトルネロの不可逆的な生成
〈私は場で踊るのではない。場を踊るのだ〉
田中泯
〈外気にさらされた気象身体〉
忘れられた存在の記憶を露わにする裸の王様

［このテクストはガタリが〈田中泯の舞踏のパンフレット〉（一九八四年）のために寄稿したもので、以下の訳書に収録されている拙訳を改訳したものである。フェリックス・ガタリ『闘走機械』（杉村昌昭監訳、松籟社、一九九五年）。］

田中泯との対話——身体の動的編成をめぐって

［1］境界現象

ガタリ　はじめにお聞きしたいのは、あなたが肉体や皮膚においてマリオネット（動く人形）に移行するとき、その生成変化の境界線についてなんらかの指標のようなものを認識しているのかどうかということです。そのとき、どう言っていいのか私にはわかりませんが、喜びが生じる出発点のようなものが存在するのでしょうか？

田中　マリオネットというのは操り人形のことですね。舞踏にとって第一に重要なことは、舞踏による表現へのとば口と向き合うことだと私は思います。私は何を踊るのかという問題ですね。これは〈人形になる〉という考えと関係します。自己との関係でどんな表現がありうるかということですが、舞踏家田中泯としての実験は問いかけ不可能な問いのなかに入っていくことです。

田中泯という存在以上のものになるために、からだの動きに心身をゆだねてこれまでのものを打ち捨てようとするのです。あなたは〝肉体〟と言いましたが、それについてもう少し具体的に説明してもらえませんか？

ガタリ　そうですね。それはマヨネーズをつくるようなものです。それは失敗することもあります。泯さん、あなたは自分が何かに打ち勝った、一線を越えたという感覚、そうして世界のあり方が変わったという感覚を持ったことはないでしょうか？　あるとしたら、それはあなたのなかにある世界の座標軸が変化したということです。そのとき〝私はやった、私は打ち勝った〟と思うわけです。別の言い方をするなら、断絶の経験を生きたということですが、いかがでしょうか？

田中　克服というか乗り越えというか、そういうものはたしかにそういうふうに起きますね。私の場合、その境界線は何なのかということですね。公共のステージ上で舞踏家であることは何を意味するのでしょうか。すべてが曖昧です。しかし私はつねに境界線を越えることを念頭に置いているので、それは地図制作であり、自分自身を環境のなかに位置づける試みではないでしょうか。そうした意味で私は自分が環境そのものであると思います。あなたが境界線の感覚を持ち出すことは理解できます。というのは、表現というものはまだ生まれていない日常の空間に向かって矢を放つことだからです。いわば国境を越えるような、あるいは谷を横切っていくような感覚です。しかしそれは感覚なのでしょうか。私の場合、それは正義あるいは義務という観念と結びついているように思われます。断絶を経験しているあいだでも、自分の調子がよければ、私はそんなにものを考えないで生きることができます。しかし調子が悪くなると、私はものを深く考えざるをえなくなります。

ガタリ　考えないために私は指標を持ち出します。

田中　わかります。しかし指標を持ち出してはいけないと私は思います。私はつねに間断なく考えています。しかし私はもう考えなくてもいい存在になりたいと思っています。私は生に断絶を刻印された存在だと思っているのです。

〔2〕水平性について

ガタリ　二つ質問したいと思います。ひとつは個別的質問で、もうひとつは非常に一般的な質問です。個別的質問とは、あなたが水平的次元に達したとき――たとえば地面に這うといった場合――、それは〈動物になること〉［動物への生成］と何か関係があるのかということです。人間中心的視野の外に出るというようなことはあるのでしょうか。これが第一の質問です。第二の質問はあなたの〈動物になること〉と関係します。言い換えたら、自分を取り巻く世界の環境的布置の変動との関係です。複雑なことでしょうが、これまでオーディエンス（観衆）と協力したこと、そうやってあなたの置かれた状態を錬成したことはあるのでしょうか。私が思い浮かべているのは、日本や中国では詩においてオーディエンスとの関係が最終的に洗煉された状態に達するということです。つまり俳句や山水画の世界ですね。そこに精巧に練り上げられたものを感じるのですが、それはフランスにおける六八年五月革命時の学生特有の形態のなかにも存在したものです。そしてそれは抑圧的関係とおのずから対立する位置にあるものなのです。

通訳者　それはつまり分子的水準のことを指しているのでしょうか……

ガタリ　そうですね。それは分子的水準にあるか、あるいは逆説的な形をともなって高度に錬成され客体化された何かであるか、ということです。つまり境界現象としての活動ですね。そこで最初の質問に戻ることになりますが、垂直性と〈動物になること〉つまり水平性を結びつけようとすると齟齬が生じると思うのですが、そこに何か意味があるのでしょうか？

田中　それは答えるのがたいへん難しい質問ですね。水平性に関してですが、私は自分ひとりで踊ろうと考えたとき、まず横たわることから始めたのです。水平に横たわったまま踊ることができるかどうか自問したのです。それと、観衆に対する疑問もありました。つまり普通、みなさん、立ったまま自由にからだを動かせば踊りだと思っているけれども、それはどうかな、という疑問です。それから私の動きをみんなが踊りと呼んでくれるかどうかという疑問もありました。私が衆人環視のなかで這ったり寝転んだりするとき、みんなは私を何と呼ぶだろうということですね。この問題をつきつめるのに大変時間がかかりました。周りからのプレッシャーをどうやって解消するか、どうやってからだを次のアクションに移行させるか、といった問題です。街路に横たわると、音の聞こえ方も変わるし、人間の見え方も変わるからです。

言ってみれば、私は最初から水平だったわけです。そのあと地面を這うことにしたのです。これは思い切った決断でした。水平線から自分のからだを持ち上げているという感じでした。それと、私には子どものときから、地面から世界を見るという習慣がありました。目を地面のすぐ近くに置きたいという欲求ですね。これは、最初は感覚でしたが、それが知恵の源になったのでしょうね。

ガタリ　あなたにとって動物との関係とか、世界とのアニミズム的関係といったものは重要なことでしょうか？　動物についてなにか重要な夢を見たことはありますか？

田中　重要かどうかはわかりませんが、動物の夢はよく見ましたね。しかし最近は減りました。最近はたいてい人間の夢です。夢は日常生活のようなものですから、忘れはしないけれどほっておくのです。それはそれとして、私はしょっちゅう動物園に行っていました。ただし動物の真似をしようとしたことはありません。むしろ動物を私のからだのなかに流し込もうとしました。自分の内部に生きている動物と出会いたかったんです。

ガタリ　それこそまさに私があなたに尋ねたかったことです。

田中　〈動物になる〉ということは、その初発の時点ですでに中心や階級が決まっていますね。私はそういうことでは満足できないのです。〈何かになる〉ということではまったく不十分なわけです。もっと驚きが必要ではないかと思います。垂直も水平も、社会を見たり自分を見たりするのに重要な次元ではありますが、それが私のバランスを維持するための基準になると、私は居心地がよくありません。もっと傾いたほうがいいと思うし、もし相手が傾かないのであれば、自分が傾こうといった感じですね。私は子どものときから極端な縦型の乱視なんです。ですから視界がつねに揺れ動いているのです。つまり〈何かになる〉なんてことは起こりえないのです。

［3］踊りの素材について

通訳者　私が興味深く思ったのは、最初の〝予備的ディスカッション〟のとき、泯さんが〝風を想像する〟と言ったことです。

ガタリ　それは私も興味深く思いました。しかし、どう言ったらいいのか、もっと脱領土化されたものはないのでしょうか。たとえば舗装道路の表面の雨粒のきらめきなんかは、あなたにとってたいしたことではないのでしょうか？　あなたの創作活動には無縁なのでしょうか？　それからたとえば〝香りを踊りにする〟といったことを考えたことはありませんか？　夕方の時間に特有の香りがあって、そうしたものを私は〝超複雑対象〟と呼んでいるのですが……

田中　そうですね、私は素材を固定しません。水でもいいし土でもいい。あるいは植物でもいいわけです。私が〝風〟と呼んでいるのは、いわば素材を身体感覚で捉えるということで、そこには一種の〝共通感覚〟があるからです。ですから、対象は決して固定化されていないのです。

ガタリ　しかしそれは脱領土化された要素を通じて行なわれるわけですよね。もっと別の要素、たとえば匂いとか音とか印象とかいった超記号的要素を使うことはないのでしょうか？

通訳者　こういった話は、たとえ同じ言葉や同じ要素を使っていても、視点を少しずらさなくてはならないでしょうね。泯さんが風と言うとき、それはすでに非常に複雑な要素から成っているのだと思います。ガタリさんの質問に関連させて言うなら、からだが風で圧縮されているとき、それは俳句で雨と言う場合と違ってすでに形式化されているのです。その複雑な諸関係は意味の豊かさに還元できないのです。言い換えるなら、からだは意味論では捉えることができないのです。

ガタリ　そのとき場所の問題が現れるのです。

田中　われわれがすべての空間を場所と呼ぶのか、それともわれわれが場所と呼ばれるべき素材を備えている空間を場所と呼ぶのかという問題ですね。雨は雨である。風は風である。しかし雨も風も動きを必要とします。俳句で風と言う場合、その人がどう表現しようが、それが風であることは疑いの余地がない。しかしわれわれのからだのなかにある素材が動くから、われわれはそれを風と感じるのでしょう。私が〝共通感覚〟という言葉を使ったとき、それは際限なく拡張していくものを指すのではなく、私自身のなかで執拗に退行していくもの、決して現実を現すものではないひとつの点のようなものを指す言葉として使ったのです。風には永続的な停止を求める動きもあるし、われわれにやる気をなくさせてしまうような動きもあります。からだは意味論的ではないことを示す風と言えますね。つまり場所の素材と内部の素材が一致することがあるのです。問題は私自身の内部にあるものが私の外部にもあるのではないかということです。それからさきほどの〝超複雑対象〟の話ですが、他人の痛みを分からなくさせるようなものがそこにあるかもしれない。これも場所の問題に深く関わるものではないでしょうか。印象について話しているうちは、まだ言語に依拠していますね。印象以前あるいは印象以後において、人がからだあるいはからだの内部になる地点が重要なのではないでしょうか。

［4］動的編成（アジャンスマン）

ガタリ　ところで私は次のような重層構造を設定したいと思います。つまり演劇空間は演劇空間であると同時に身体の強度から成り立っている世界でもあるということです。後者のなかには前者と矛盾するものがあるので、この重層構造をどうコントロールするか、その内部のゆらぎをどう調整するかということです。

田中　それを説明するには長い時間がかかりますね。というのは、その重層状態を取り仕切るのは私ではなく、私の外にあるものだからです。

ガタリ　まさにそのとおりですね。それを私は集合的動的編成と呼んでいるのです。私にとって集合的動的編成とは何かと言うと、そこには単にたくさんの人々が関わっているだけでなく非－人間的過程もまた関与しているということです。非－人間的過程というのは、宇宙的事物の布置であったり抽象機械の歴史であったりするのですが、それだけでなく、人間中心のヒューマニズムの論理によってはコントロールされえない純粋な反復類型の支配するリズムの歴史でもあります。

通訳者　泯さんの仕事はまさしく、その動的編成という操作的観念から離脱するところにあると思うのですが……

ガタリ　個人的動的編成からの離脱ですね。

田中　自分の外側で何か出来事が起きているのに、それを自分自身の出来事であるかのように捉えることは大きな間違いではないかと思います。私はもう何年も前から、これから人生の終わりまで〝私の〟時間と言えるようなものは存在しないのではないかと思っています。しかしだからといって、他人のために生きようともぜんぜん思っていない。私は私のために生きているんだけれども私は存在しないのです。他の誰でもなく徹底的に自分でありたいと望んでいると、私は無になるという感じと言ったらいいでしょうか。たとえば、自然はもともと踊っていたのです。その踊りを見て、われわれの感覚は踊るのであって、それが知性のレベルまで引き上げられたのではないか。長期にわたる人間的／非－人間的過程がわれわれの踊りを編成しているのだと思います。からだの外側と表面に回帰することが重要だと思います。

［5］即興について

通訳者　よく知られていることですが、即興で演じる俳優は、最大限の自由と最大限の必然性を実現しなくてはなりません。そこには一種の境界線があるのですが、その境界線は近くにあるわけでも遠くにあるわけでもなくて、遠くと近くとのあいだにあって、ある一致が出現するような、そんな境界線です。

田中　自由というのは、あるフィクションがそれに先だって存在したのでは実現されえないのです。即興というのはいつもその〝間〟に存在していて、即興者は思想を総体として捉える視野を持っていなくてはならないわけです。自由にアナーキーにやるのが即興だと誤解している人がいるけど、何が即興を組織するのかがわかっていなければ話は始まりません。だけど、即興が芸術的表現の方法論になったら、夢はどこかに消えてしまう。直観的即興によって生まれる夢への通路のようなものがあるんですよ。直観というのは全体的視野から生まれるのです。直観は一気に立ち上がって、ある縁《へり》を創りだすのです。

通訳者　泯さんにとって、即興というのは直接的創造であり〝瞬間を書き留めたもの〟なんですね。

田中　私は一瞬一瞬古い田中になっていくのです。ですから、私の創造は〝瞬間の書き留め〟ですね。即興は直接的創造というよりも絶え間のない夢と呼んだ方がいいと思います。空に浮かぶ雲を舌で嘗めてみたり、川面の魚影を抱きしめてみたり、食事中に〝本当においしい〟と大声で叫んでみたりする。話し相手の言葉をしっかり聞いて、自分の脳をひっくり返す。即興には、いつ何が起きても、何を見ても、固定的にならないこと、〝それは新しい〟などと言ったりしないことが求められるのです。それを私は〝気象身体〟と呼んでいます。

［6］ルプレザンタシオン（代理表現）［表象＝再現＝上演］について

通訳者　そろそろルプレザンタシオン（代理表現）の問題に移りましょう。というのは、演劇も含めて多くの芸術表現にこの問題が関与していると思うからです。演劇の場合、観客に何かを提示するということなのですが、何かが現実の問題の代理表現として提示されるわけですね。たとえ現実が複雑かつ多層化されていても、演劇には現実の代理表現という役割が与えられるわけです。この代理表現と現実とのあいだにこそ、真の問題が存在しているのではないでしょうか。

ガタリ　その二つを対立的に捉えてはいけませんね。私の考えを明確にしておきましょう。まず言説的論理に属する素材の総体を設定しましょう。そしてその反対側に、アントナン・アルトーから借用した〝器官なき身体〟という観念を置きます。これは言説的なものではありません。ここに実存の生産というものがあると想定して、左側に表象があります。そこでは実体を伴った時間－空間的身体が与えられていますが、その右側にはそのような実体的身体はありません［ガタリはここで黒板を使って説明する］。私はこの実存の生産を表象として翻訳することができます。こうした翻訳はつねに存在するのです。したがって私にとっては次のような流れが存在することになります。それは、最初は感覚的・非－言説的領土に組み込まれる言説的流れであり、実存的領土に組み込まれる流れですが、この流れは次いで表現の流れとして逆戻りするのです。この関係が表象や意味作用を構成するのです。流れⅠはこの実存の生産を生み出す場によって媒介されるプロセスを通じて流れⅡとして出現するのです。そして流れⅠと流れⅡとの関係が複雑になっていく場所で身体ができるということです。

田中　まったくそのとおりです。そしてその流れはものすごく速い。

ガタリ　しかし、即興の問題はそうした流れとは関係がないのです。即興は私から見ると演劇に固有の問題なのです。なぜなら演劇には演劇固有の定型化した水準と表現が存在するのですが、それは演劇においては同じ言説的・記号的構成要素が自らを変形し別のタイプの実存的領土を創造することができるからなのです。言い換えると、なんらかの意味作用やメッセージを与える動作は、そのリズム、輪郭、そして実存的領土を生産する何かによって可能になるのです。そのとき演劇は言説的構成諸要素間の関係変化が起こる場所であると言えるでしょう。そしてこの場所の機能は表象体制とは異なった別の記号化形式の内部で展開されることになります。そしてそれは同時に、非‐言説的領域において展開される実存的領土を生産することになります。それが演劇を豊かにするものなのです。演劇は何かを生産するということであり、それは〈生産されたもの〉が〈生産を行なうもの〉を消去するということでもあります。ともあれ演劇から得られるものは言説的ではないということです。

田中　私は〝さあ始まり始まり〟という表現をよく使うのですが、それはガタリさんがおっしゃったそうした複雑化のサイクルと符合しますね。そのスピードが速くなればなるほど符合すると思います。私にとっては現実の代理表現も現実の再現も同じものです。とくに自分がベストコンディションで踊っているときがそうですね。

［このテクストは以下の本に収録されている日本語テクストの英訳（原著に収録されているもの）を元に訳出したものである。フェリックス・ガタリ+田中泯『光速と禅炎 Agencement'85』週刊本35、朝日出版社。同書によると、この対話は一九八四年六月パリで行なわれたもので、通訳者は小沢秋広と鈴木秀亘である。原著の編者のひとりジェイ・ヘトリックに直接尋ねたところ、この対話のフランス語のオリジナルテクストが見つからなかった（おそらく公刊されていない）ので『光速と禅炎』の日本語から英訳したものを収録したとのことであった。本訳書に収録するにあたって、基本的に原著の英語の文章に依拠したが、適宜『光速と禅炎』の日本文を参照しながらできるだけ簡潔に訳すことを心がけた。原著の英語テクストの複雑な成り立ち（仏語→日本語→英語）のため一種の〝超訳〟にならざるをえなかったことをおことわりしておきたい。］

田原桂一の顔貌機械

肖像写真とは何だろうか？　それはひとつの表象として刻印された顔写真であるが、それだけでなく、固有名詞の指示、記憶の蘇生、情念の発動といったようなまったく別の目的のために顔の特徴を活用することでもある……。田原桂一はこの第二の側面に傾注する。つまり彼は、顔という〈主題〉から、自分の執着する風景をつくるために利用可能な特徴だけを取り出す。それはとくに、彼の全作品が向かっているように思われる主体化の獲得のためである。そこで何が起きているのだろうか？　言表行為の転移である。すなわち、写真を眺めるのが観察者としてのあなたではなくなり、写真のほうが突然あなたに襲いかかり、あなたを吟味し、あなたに問いかけ、あなたの魂の奥底にまで侵入するのである。

この写真集に集められた百あまりの肖像写真を通して、このような効果をもたらす田原桂一固有の機械を分解することができる。この機械は本質的に三つの構成要素を包含している。［1］顔の脱領土化的裁断。［2］視線のフラクタルな切断。［3］この装置を通した固有名詞に付着している意味作用のとてつもない増殖。

人間の顔は、特殊な美的価値付けなしに眺めてみれば、すでに動物の顔と同様の下地を持つゲシュタルトとして成り立っている。したがって文化的に受け入れることができる顔は、社会的に許容された意味範囲のなかに納まらなくてはならない（たとえば一定限度を越えて拡大された微笑は、自閉症患者や知的障害者のしかめ面を連想させることになるだろう）。しかし田原桂一は、顔貌の特徴をあらかじめ設定された意味的構成から脱出させ、その特徴を未知の潜在力を引き出すフレーミングや光の効果のなかで浮かび上がらせようとする。こうして田原が注視する顔は、動物、植物、鉱物、宇宙、さらには抽象的構成といった非-人間的なものへの生成——それは未来指向的な無意識の次元とでも呼ぶことができる——へと向かうことになるのである。

このフレーミングの働きは写真全体に作用する。田原の再調整された内的フレーミングは、ぶれの効果によってアングルがシステマティックに丸くなってしまう一般的な写真のフレームとは対照的に、窓によってつくられることもあれば（クリスティアン・ボルタンスキーの場合[1]）、鏡によってつくられる場合もある[2]。あるいは、側面から捉えた顔や人物によることもあり、絵（タブロー[3]）や、四角い物体[4]、さらに舞台に張り出した光の長方形[5]によることもある。また二つの手法の組み合わせが頻繁に見られる。たとえばボルタンスキーが姿を現す窓はそれ自体が他の二つの窓を含んでおり、この三つのフラクタル化したフレーミングのずれた重なりは、さらに写された人物の上半身を包んでいる無数の葉や枝によって拡張される。このフレーミングのフラクタル化がすべてを混乱させてしまうこともある。(6) また逆に、ブラム・ヴァン・ヴェルデの場合のように、それが人物に一種の石化と永遠を刻印する静的な視野をもたらすこともある。

この写真集の半数以上の肖像写真では、光の作用が顔をフラクタルな影の線として垂直に提示している。この点でいちばん典型的な例はおそらく、巻頭に置かれたリカルド・ボフィルの場合であろう。実際、ボフィルの顔から残っているのは、写真の表面の四分の一ほどしか占めていない細い垂直の帯だけである。一方、左の眉、眼球、横皺、口の端は、残った光を圧迫しているように見える。垂直の切断が顔の外にあるとき、(7) 切断は直線のままであり、切断線が顔に接しているときも同様である。(8) 光の切断が水平に行なわれることはきわめてまれである。ヤニス・クセナキスの場合はそうした希少な例で、光の切断は音部記号によって垂直に切られた楽譜を想起させる。モーリス・ランスの場合は、垂直と水平の交差の形が他の場合と異なっており、フランソワ・トリュフォーの場合も同様の交差的切断が見られる。トリュフォーの肖像写真では、頭部だけが純然たる仕方で浮き出るように切断されている。

光の作用による顔の脱領土化には、もうひとつのよく使われる方法がある。それは大きな黒い塊から小さな部分として顔を浮かび上がらせるというやり方である。(9) 付言するなら、焦点距離のずらし、(10) 部分的なぶれ、(11) あるいは煙草の煙などを使う(12) “ぼかし” の手法もあることを言っておかねばなるまい。もうひとつ言うなら、全体的な〝ぼかし〟と前景で〝ぼかされた〟顔(13)は区別するほうがいいだろう。

この脱領土化的裁断の過程は、その系列的効果あるいは連結的様相を全体的に眺めてみると、第二の要素が作動するフィールドを準備する。そして第二の要素は空間的フレームをフラクタル化するだけにとどまらず、言表行為の動的編成をもフラクタル化するのである。

田原桂一の美学的照準の核心にあると私に思えるものは、彼の手法の決定的な原型をなす巻頭のリカルド・ボフィルの肖像のなかですでに鮮明になっている。それを把握するには、顔の左の見えている目と顔の右の見えていない目とのあいだに生じる相補性の作用に着目するのがいいだろう。この作用はそこに残る小さな白い形跡を起点に、幻覚的と言ってもよい仕方で束の間閃光のように出現するのである。このような換喩的な往復の動きから、［こちらが］〝肖像に見られている〟という実存的効果が生まれるのである。これは私が以前指摘したように、シュルレアリストにはおなじみのテーマである。いまわれわれは田原桂一の写真を前にして、顔貌性の特徴の総体が脱領土化的な光とフレームの処理によって均衡を失うという状況に置かれている。するとイメージの構造を解く鍵は、ロラン・バルトが定義した〝写真の指示対象〟にあるとは言えなくなる（私が〝写真の指示対象〟と呼ぶものはイメージや記号が帰着する場当たり的に現実的なものではなく、レンズの前に置かれた必然的に現実的なものである。つまりそれなしには写真は存在しないものにほかならない)(14)。鍵は、見る者の持つイメージをともなった志向性のなかに移行する。私の視線はボフィル氏を実在させようとする動きのなかに〝組み込まれる〟。この視線なしては、ボフィル氏の魂はどこかに消えてしまうだろう。しかし、この〝組み込み〟は私に向かって跳ね返り、吸盤のように私に吸い付く。この存在物は不安定な仕方で私の皮膚に張り付く。そしてこの存在物は、私自身の内部からいつまでも私を見続けるようになる。要するに私は魅了され、呪いをかけられ、私は自分の内部を接収されるのである。

肖像写真と向き合うことはまた、深淵のなかでフラクタル化され自律化した視線の作動でもある。正面 - 横顔の動きがそこに描かれ、光と姿勢のコントラストが生じ、表象を活気づけ彫琢するすべてのものが登場するのである。この点で最も重要な二つの肖像は彫刻家アルマンの肖像である。［写真集の］左ページの前景の髭と、右ページの背景をなす金属性の彫刻とのあいだには相補的関係がある。左側の写真の半分照らされた顔と右側の写真の暗い目の黒いプロフィールの相補性。右側の暗い目のプロフィールは左側の明るく開かれた目 - 格子窓に対応している。

こうした実存的効果を作動させる別の諸様式をも検討しなくてはならない。

［1］水平の影の縞を用いたモーリス・ランスの目の陰影やジャック・スミスの全面的逆光。

［2］目蓋が第二の像を生み出すような光を放っているマリオ・メルツの半開きの目。

［3］視線の輝きの代わりになっているドゴテックスの眼鏡のフレームの反映。

［4］ジュリエット・マン・レイの視線を閉ざす目の周囲の完璧なガラス化。レヴィ＝ストロースの眼鏡のレンズから発する光の十字架。眼鏡が光で沸騰しているモーリス・ランスの眼。

［5］顔に君臨する眼の白い部分の輝き。(15)

［6］もっと頻繁に見られるのは、光－視線の発生源となる眼球の虹彩である。(16) 虹彩ではなく角膜の場合もある。(17)


要するに意味の破断からこのような言表行為の実存的転移、肖像の視線の捕獲が始まるのである。ロラン・バルトはこのような現象を〝ストゥディウム〟と〝プンクトゥム〟の対立として捉えた。ストゥディウムにおいては写真の意味はコード化されている。それに対してプンクトゥムは「斑点、小さな穴、小さな染みであり、また場面から到来して私を刺し貫く骰の一擲である」。バルトはこの破断点（〝私を狙う点〟）の換喩的拡張力を描きだし、〝細部〟に依拠して形に干渉するプンクトゥムと、彼が烙印を押されたプンクトゥムと呼ぶ〝時間〟や悲痛な誇張に干渉するものとを区別する。(18) しかしバルトによるとイメージの志向性が衝突するこうした事実性――〝それはかつてそうであった〟――という障害は、私から見れば、ひとつの形態にすぎない。たとえばバルトが亡き母の写真について思索し思い出を自らの内部で永続化させる場合がそうである。それに対して、田原桂一の肖像写真は、これとはまったく別の道をわれわれに指し示している。なぜなら、田原の主たる関心は、彼の〝題材〟［撮影された人物］の正体を指示することでもなければ、それらの撮影された人物たちが担っている意味を限定することでもないからである。たしかに、彼らに名声を与えている領域が指示されていることもあるが、それはつねに間接的な暗示にとどまっている。そのとき顔貌性はもはや顔貌性そのものの特徴を示すものではなく、逆に状況の特徴を帯び始める。顔貌性は脱領土化された実存的参照世界を現出させるのである。しかしそう考えてみると、このときわれわれは顔貌性の一般的機能に立ち会っているということになる。キリストの顔はトリノの（キリストの）聖骸布のように西洋の資本主義的主体性につきまとってきた。それは今日、ワシントン、リンカーン、ジャクソンといった大統領の顔がアメリカのドル紙幣につきまとっているのと同様である。いかなる意味作用にも脱領土化された顔貌性が内在している。その顔貌性は意味作用に対して形式的意味ではなく実存的実質を与える。感覚として、ゲシュタルト（形態）として、抽象的問題として私に話しかける何かがあるとして、それはつねに顔貌の言表行為として行なわれるのである（顔貌的再領土化）。声にしても、そのような非言説的顔貌性によってあらかじめ取り込まれている。この非言説的顔貌性は絶対的な他性を持った現在というものが自己出現したものである。これはラカン派的構造主義における〃大文字の他者〃とは無関係である。これは歴史上の大小の転換によって、そしてテクノロジー的系統流（フィロム）の変異によって変化する他性なのである。

そう考えれば、写真を、映画、ビデオ、コンピュータによるデジタル映像などによって進化論的に追い越されてしまった一段階と見なすことは、なんとも残念な誤解であると言わねばなるまい。ロラン・バルトが強調したように、おそらく他のいかなる芸術形式よりも写真のなかにこそ、表象機械の実存的時間性が潜んでいるのだ。他の大半のメディアはあまりに饒舌なため、その物語性が言表行為を乱暴に圧倒して言表行為に取って代わり、主体化の自由なプロセスを接収してしまう。要するに主体化の自由なプロセスにおける部分的時間化の力は写真だけが発揮することができるのである（多分この領域で写真に匹敵しうるのはマンガだけであろう）。田原桂一の作品でとくに関心を引くのは、彼が偉大な先駆者たちを引き継ぎながら、私が〝武装した〟視線の機械状構成要素と呼ぶものを最大限発動し多様化していることである。この点でわれわれは、モホリ・ナジが探究した写真家における主体の消滅に新たな様式で再会することになる。(19) ナジは半世紀以上前に、写真において生産される八種類の視線を区別した。すなわち、抽象的、正確、迅速、緩慢、強烈、浸透的、同時的、変形的、といった視線である。このような肖像写真における脱領土的–脱主体的処理は、言表行為の主体に受動的に与えられる特徴を起点にして、自律変化的な顔貌性を演出し〝風景化〟する。いくつかの例を考察してみよう。たとえばクネリスの肖像写真では写真全体が眼になり、頭部はもはや飛び出した瞳孔にすぎない。またアルマンの場合の分子的ミステリー。そこでは白い眼球が鼻孔に寄生し、頭の後ろの円や白い形跡と響きあっている。そしてこれが、不在の眼や金属の彫刻の写真と対応している。フィリップ・ソレルスの肖像写真では、二つの大きなランプシェードが眼の代わりとなっていて、この場合プンクトゥムは画面の端に移動している。それは数字や文字を組み合わせたジャスパー・ジョーンズの絵を想起させる。最後にロブ＝グリエの肖像写真においては、二つの楔形の光のしるしが写真の下に現れていて、まるでn番目の軌道を回る人工衛星のカプセルのように見える（田原桂一の以前の作品でもすでにこの種の〝寄生〟手法が使われており、ガラスの額のなかの反射の使用もその例である）。

桂一はある日次のように語ったことがある。「たとえ写真を撮らないときでも、私はまずしっかり見て理解しなくてはならないのです。そうすると印象が頭のなかに残って、あとは造作もないのです」。この場合、理解するとは、顔の風景にあたかも自然に君臨している意味の刻印から離脱することであり、自分の眼の前で組織される別の視線に身を任せるということである。田原桂一による写真装置の生み出すフラクタル的な多数の亀裂の重要性は次のようなことである。すなわちこの亀裂は、一連の解釈手順を空白状態にしたまま無限に空転させ続け、そこに新たな実存的状態を分泌して、新たな意味系列と新たな参照世界をしつらえるということだ。言表行為の部分的源泉とこうして実現された実存的身体の捕獲は、部分対象（フロイト主義者がこの表現に与えた意味における）と横断的に交通し、見ることの欲動を別の関心や欲望の宇宙的布置に結びつける。そのとき、田原桂一がわれわれにかつてない角度から把握させようとする固有名詞は、それらの固有名詞をいたるところから越えていく音符となるのである。繰り返し言うが、田原の肖像写真は、もはやアイデンティティを指示するものでもメッセージを暗示するものでもない。われわれが田原の写真において見ているのは、もはやメディアに媒介された自己同一性やコミュニケーションといったものではない。われわれが前にしているのは、限界も器官もない脱領土化された身体が自らに与える後退のない転移なのである。そしてそれはこの写真集において単なるインデックスとして機能するにすぎない固有名詞と同じ数だけの効果をもたらすのである。

原注

（1）ボルタンスキー、フィリップ・ソレルス
（2）リキテンスタイン、あるいはローラ・ベッティ
（3）ラマルシュ＝ヴァデル、ピエール・クロソウスキー
（4）タデウシュ・カントール
（5）クセナキス、あるいはマリオ・メルツ
（6）ダニエル・ビュラン、ラマルシュ＝ヴァデル、フィリップ・ソレルス、イリス・クレール
（7）ルイーズ・ネヴェルソン
（8）ヨーゼフ・ボイス

（9）ロブ゠グリエ、ボイス、ジャック・ボルジュ、クリスティアン・ド・ポルザンパルク

（10）ドゴテックス

（11）クセナキス、ウィリアム・バローズ

（12）フィリップ・スーポーとロマン・ヴァインガルテン

（13）カルズー、そしてロラン・トポール

（14）Roland Barthes,〈La Chambre Claire〉, *Cahiers du cinéma*, Gallimard-Seuil, 1984.〔邦訳『明るい部屋』、花輪光訳、みすず書房〕

（15）ロマン・ヴァインガルテン

（16）ローラ・ベッティ、アルベール・スペール

（17）フィリップ・スーポー

（18）『明るい部屋』

（19）スーザン・ソンタグ『写真論』〔近藤耕人訳、晶文社〕参照

［このテクストは以下の写真集の解説として書かれたものである。田原桂一『顔貌 VISAGÉÏTÉ』（パルコ出版局、一九八八年）。また以下のガタリの著書にも収録されている。Félix Guattari, *Cartographies Schizoanalytiques*, Edition Galilée, 1989（邦訳『分裂分析的地図作成法』、宇波彰・吉沢順訳、紀伊國屋書店、一九九八年）。本書に収録するにあたって、本書の原著の英訳ではなく、『顔貌 VISAGÉÏTÉ』に掲載されたガタリの田原桂一論のフランス語の原文に則って邦訳したことをおことわりしておきたい。またこの写真集にフランス

語と並べて掲載されている邦訳の訳者である宇野邦一ならびに『分裂分析的地図作成法』の訳者たちの訳文を参照させていただいたことを付記しておきたい。」

田原桂一の〈未視感〉

まったく、なんと多くのものや、言葉や、人々が、あらゆる方向へと動き回っていることか！　いかにしてそこで自分を見いだすのか！　田原桂一の場合は、そのなかからひとつのものだけを保持することに決め、それに自分の心的感覚と写真的知覚を集中する。しかし彼は、すべてのものが無言の魅惑のなかに閉じ込められることがないように、ものの予見不可能な増殖の力が負荷される極限的融合点において、ものが究極的に揺れ動き変動することを選択する。そして手探りでひとつの視線を構成しながら、発生状態の世界の骨格を見いだすために、彼は撮影に際してフレーミングを過激に崩す作業を行なう。それは対象を明示するという古い撮影理念を取っ払う作業であり、精巧きわまりない技術的手段で〝武装化〟することによって得られる視覚的言表行為の変異に焦点をしぼる作業である。

逆説的にも、こうしてヴェールを剝がされた〈未視感〉は、最も古風で最も原型的な〈既視感〉とぴったり合体する。それは言うなれば、機械状の——あるいは機械化された——主体性である。われわれの最も内奥にあるものではあるが、決して予感されることのない、それゆえ馴染みのあるものとならない、この捉えがたい主体性が、田原の複雑な装置によってもたらされるのである。この主体性がなぜ捉えがたいかと言えば、それは一定の場所に置かれることがないからであり、また喪の儀礼では鎮魂されえない死せる魂のごとく彷徨うものだからである。さらにその主体性は、恣意的ではあるが必然的でもある内容によって脅迫的であると同時に、最も確実な明白性を負荷されていて安堵感を与えるものでもあるからである。そう、それはまさに［写真に写される］窓であり、ストーブであり、丸い帽子をかぶって眼鏡をかけた人物である、と言ってよい。

田原桂一のレンズが彼自身に向かって反転するメカニズム、この言表行為の新たな突出を、われわれはいかなる視覚的出来事から見抜くことができるだろうか。

第一に、最も外面に現れるのは諸々の影である。展示室の壁を背にしたアングルでのフレーミングと、そのフレーミングを支えるレンズに鋭角的に照り返す反射光による影。つまり多様な時間性に沿って連接する空間的配置を司るリズミカルな選択によって現れる影。要するにそれは現れてはすぐに消えてしまう一種の儚い芸術であり、東洋ではお馴染みの非身体的なものの結晶から抽出されるもので、その像の内容はごくわずかのあいだ実存的な理由に基づいてしか存続しないものである。次いで、それに不調和に対位するものとして、ひっかいたり、こすったり、流れ出させたり、さまざまな痕をつけたりするといった、今日の絵画のテクニックを受け継いだ、表層における諸々の特異なものの闖入がある。(焼き付けのときに丸ごと組み込まれた指の痕を、ハンカチを手にして消し去ろうとすること、この比類なき純粋なテクニックに驚かないではいられない)。

内的フレーミングについて言うと、それは表面においても奥行きにおいても、形象／背地の関係を恒久的に不安定なものとするためにしつらえられている。かくして記号化の最初のユニットがおのれ自身のために、あえて言うならおのれの知覚と感情のために作動するように設定されるのである。私はここで、フロイト的な夢の〈第一次過程〉――それは〈第二次的加工段階〉の逆襲のなすがままになる――というよりも、むしろヘルベルト・シルベレ［戦前ウィーンで活躍した精神分析医］によって描かれた朦朧状態に固有の〈機能的現象〉、あるいはカール・ヤスパースによって探索された一般的に〈譫妄発作〉と称されるものを伴う〈第一次譫妄体験〉を思い浮かべる。しかし誤解のないように言っておきたいのだが、これらの写真を、強迫的な左右対称性が取り返しのつかない主観的囲い込みをプログラム化しているロールシャッハテストのような投射検査法の検査板と同一視することは問題外である。それとは反対に、これらの写真は形態の常識的な捉え方を解体する機械なのであり、田原桂一のダイアグラムは、予見可能な境界線などなく自己同一的な限界を設けることもない世界を、われわれに投げかけてくるのである。そこには異種混交的な言表行為の光景が特異な観点にしたがって存在しており、いかなる構造論的なパラダイムもそれを解読する鍵とはなりえない。そこにはいまだかつてないような感覚の和合による諧調的世界が展開されており、いかなる矛盾律いかなる充足理由律も介入の余地がない。壁の片隅に掛けられた額縁に触れて銀紙のモンブランが燃え上がる……黄昏時に彗星がざらざらして官能的な天空を横切っていく……熱帯の探検家——またしても丸い帽子をかぶった人物——が寄木張りの床とセコイアの森のあいだで宙ぶらりんになっている……ガラスが漢字の字体のように割れ未来派的な禅寺で凝固している……〈サモトラケのニケの勝利の女神像〉——やはり銀紙の——がまさに窓から羽ばたこうとしている……夜になるとストーブの上でまどろんでいたモンドリアンの抽象的世界が温室効果で目を覚まし、ヴュイヤールやボナールの世界に似たようなものになる……自我、自己、他者、そしてそのあとに続くすべてのものが、エジプトの魚の大胆不敵な眼が君臨する暗い水族館のなかで、大きな滝となって流れ落ちていく……。

［このテクストは一九八五年『フランス大使館会報』（東京フランス大使館発行）に掲載されたものである。その後、以下のガタリの著書に収録された。Félix Guattari, *Les Années d'Hiver: 1980-1985*, Bernard Barrault, 1986. Les prairies ordinaires, 2009.［邦訳『闘走機械』杉村昌昭監訳、松籟社、一九九五年］。本書に収録するにあたって拙訳を元に改訳した。］

〈カオスモーズ〉の画家、今井俊満

マチエールのなかに潜り込んで、すべてを廃棄しながら複雑性を再発見するという相互浸透——今井はこのようにして〝身ぶりとしての抽象芸術〟の時期から〝花鳥風月〟の時期への転回のなかで〈カオスモーズ〉の画家となった。

直接的、官能的、性的な身ぶりのカオスモーズがカンバスを支配することになったのである。それは〝ドリッピング〟［カンバスに絵の具を垂らす技法］を静かに待つカオスモーズであり、中国の伝統絵画において水が生き生きと模様をなしていく動きをも想起させる。それはまた今井の人生の軌跡のカオスモーズでもある。今井は京都の洗練された幼年期の文化環境から出発して、一九五〇年代のモンパルナスで孤独と寒さと飢えを知り、やがて世界を経巡るノマド的コスモポリタンとなる。その間、一九七〇年代の日本の狂乱的近代化と格闘したりもする。そしてついに彼の作品の下地のなかに図像的反復（リトルネロ）が出現する。しかしこのリトルネロの出現はそれまで今井を褒めそやしてきた多くの批評家を遠ざけることになった。

これはつまるところポストモダン時代のヒーローの辿った足跡の終着点だったのだろうか。いや、そうではない！　今井はだんじてそうではない。そう予感した批評家もいたのだが、彼の作品はついに観念して先祖伝来の価値観を受け入れ、そこで閉じられるようなものではなかった。マスメディアがつくりだした主体性の市場に身をゆだねるものではなかった。その証拠に、カウンターカルチャーの狂乱の時代のドリッピングが、原初の〈花鳥風月〉の小綺麗な画像の上に重ねあわされ、そのため画像がデフォルメされ、汚染され、変質しているのだ。画像自体がおのずから額縁からはみ出し、みずからを解放し、超立方体の次元を開示する。そしてそれが触媒となって〝奇妙な牽引力〟を持つ偽りのパースペクティブが生み出されている。支配的体制（エスタブリッシュメント）によって価値を認知された今井の背後にはつねに〝ビートジェネレーション〟の時代の不良少年の姿が見える。〝アクションペインティング〟や〝ハプニング〟に打ち興じた今井の姿が思い浮かぶ。こうした実践を行ないながら今井は数世代にわたる画家たちと同時代的な造形的感性の持ち主たちとの接触境界面で自己形成したのである。

型押しの反復やプレハブのモジュールの拡散は、年間二百以上の作品の生産を誇る今井の激烈な性格に呼応するものである。今井の作品の全段階には、カンバスを領有しようとする行為が身体的な像として刻印されている。そこにはまやかしもなければナルシシズムもなく、実存的抵抗の荒々しい肯定があるのみである。われわれの時代の画家には無数の罠が待ち構えている。今井俊満も近代芸術を特徴づける深淵に向かっての競争から免れてはいないが、彼はそこから生き延びようとしている。目隠しされたままではあるが、今井の言表行為は、氷化したフォルマリスト、緊張症のハイパーリアリスト、暗礁に乗り上げたコンセプチュアルアーティストといったもののあいだに身を置きつつ、わが道を見つけようとしている。失墜の不安を払いのける妄想的勃起のように、今井のひとつひとつの作品は、身体、大地、芸術宇宙の復活である。世間からの脅迫、呪咀、安易な道への誘惑にもかかわらず、〈私はここにいる。いつもここにいる〉と今井の作品は語っているのだ。というよりも、そうした言葉をかけられているがゆえに、今井はそう自己主張するのだ。忘却、ナンセンス、陳腐といった、わが身にまとわりつく眩暈が、彼のエネルギーを自己救済の行為に駆り立てている。それは儀礼の絵画であり、世界の歌なのだ。狂気の身ぶりを通して無限の分岐が出現し回帰してくるという確信があるからだ。微少な変異が現れて、アンフォルメルアートが掻き消され、コンセプチュアルアートが廃棄され、今井のリトルネロが壁画の図像として甦る。そこにあるのは屏風であり扇子であり着物であり、子どもの世界、いにしえの世界でありながら、見たことのあるものの割れ目から見たことのない新しい世界が迫り出してくる。

偶然生じた大海の上に渦巻く花のようなリトルネロが、驚くほどの牽引力をともなってカオスから再出現する。今井が探究するのは、カオスと複雑性との稲妻のごとき連鎖であり、〝すべて〟

か〝無〟かといった二者択一のなかで消え去るようなものではない。今井というカーソルは存在と無のあいだにあるどこかで停止する。それは強度の変異を生み出すために存在と無が抱擁しあう地点である。異質発生を引き起こす存在論的陥入と呼んだらいいだろうか。そのとき表象は内破し、もはや善悪二元論的価値化や明確な対立のない世界へと分岐していく。これは非定型的、非場所的、非時間的な言表行為の不動の震動であり、その震動が睫の先や蝶の翅の上にくっついて、夏の狂おしく舞う砂塵や地下のワイン蔵のなかに放たれる。それはワインの瓶籠がマルセル・デュシャンと彼の一派によってまだ〝集産化〟されていない時代のことだった［デュシャンの有名な〈レディーメイド〉作品を示唆］。

〈花鳥風月〉はリトルネロへの入り口であり、つねにすでにそこにあった出来事だ。目を凝らして見よ。賢くなれ。冷静になれ。そうすれば、今井の日本的生成は、そのよこしまな見かけにもかかわらず、伝統に回帰したことなどなかったことがわかるだろう。この日本的生成は、昨日と明日の中国、朝鮮、アメリカ、南洋諸島などに影響されたものである。今井が先祖から受け継いだ非物体的宇宙は最も脱領土化された機械と接触している。今井は日本を裏切り続けてきたがゆえに根元的に日本的なのである。今井は自らの実存的領有の刻印、痕跡、儀礼を忙しく繰り返す幼児であり賢人であり昆虫なのである。〈ブレードランナー〉の蠟人形館から聞こえるささやかな夜想曲。息切れしているが視線はしっかりしている。今井のつくりだす世界の平静な安定は無限速度の拡張に由来している。これは外部に開かれた作品、全体性を持った作品にほかならない。なぜならそこには、伝統の身ぶりや足跡だけでなく、事情に通じた芸術批評への嫌悪や〝こんなドリッピングは本当に必要なのですか？〟といった保守的日本社会へのあいまいな同意も含まれているからである。

コンセプチュアルアートの芸術家と同様に、今井は自分がわがものとした〝良き観衆〟のまなざしを通して主観的絵の具を使って描く。そこにはいっさいのシニシズムもまやかしもない。あるいはそれは矛盾を融点にまで導く本質的まやかしかもしれない。いや、そこにあるのは、ひとえにパレットの上に流れる時間なのである。世界はこうできているのだ。なんと穏やかで心地よいことか。日曜日の朝の公園でロックの音に合わせて〝竹の子（族）〟になる。目に見えないほどの存在の密度を求めるために、カオスの風よりも速く行くために、宇宙飛行士の月の目を開くために、鳥の歌をかつて聞いたことのないデジタルなリトルネロに合わせるために、身近になった花鳥風月が行き渡る。［一九九二年執筆］

［このテクストのフランス語のオリジナルはＩＭＥＣに収蔵されていた未発表原稿で、その後今井俊満の展覧会（IMAI：Hiroshima ギャラリーＧＡＮ、一九九七年）のカタログに

掲載されたものである。平川祐弘によるフランス語からの邦訳も併載されており、翻訳にあたって参照させていただいた。]

草間彌生の〈豊かな情動〉

草間彌生はずっと昔のあるとき、われわれが世界の発生状態を探索しようとするさいの妨げとなる日常性に宿る不可視の壁を打ち破った。この体験は、彼女をナルシシズム的な禁欲にも自閉症的な引きこもりにも導くことはなかった。そうではなく、彼女はその体験から、われわれをわれわれの主体性につきまとっている植物的潜在世界の探索に向かわせる特異な力を引き出したのである。彼女の作品の起源をフロイト派の精神分析家が必ず持ち出すような幼児期の抑圧や固着化に結びつけようとする誤解をもってしては、彼女がわれわれに提示する世界にアクセスすることはできない。彼女の作品世界は初期衝動の構成や構造主義的パターンに納まるものではまったくない。草間は、物、形、色、意味作用といったものを必然的かつ十全たる仕方で解体し、そこから彼女が作品を作り始めたときの視野よりもずっと大きな視野をともなった感性と意味のベクトルを再構成する。こうした思慮をともなった彼女の創造運動は化学的とも言えるものである。彼女はわれわれを未分化なモジュール的増殖の道から高度に加工され微分化された道へと誘い入れる。草間は私が〈超複雑情動〉と呼ぶものを生産する。情動を未加工のもの、未分化のエネルギーと捉えることは誤った有害な考えであり、これが人間科学を毀損したのである。情動はむしろ、非－言説的領域に差し向けられた変移する流れであり、無限に豊かな潜在力を有するものと考えなくてはならない。

草間の構図が生み出した強度は、伝統的な日本的想像世界に根差しながらも、例外的な主体化の装置として機能するとともに、最も現代的な素材による美学を構成している。これらの素材は他方で、われわれの消費社会が魅力を欠いたみじめな世界のために用意した素材でもあることを忘れないでおこう。〈ビートジェネレーション〉の破壊的－創造的時代を、身をもって横断しながら燃えつきたこの女性は、予測不能な未来の感性を先取りする偉大な現代的アーティストとしてわれわれの眼前に蘇ったのである。

［このテクストはＩＭＥＣに保管されているガタリの日付のないタイプ原稿に基づく。］

高松伸の〈建築機械〉

現代日本建築史は、国際的スタイル――その抽象的な白い長方形、平たい屋根、ピロティ、ガラス張りのファサードなど――からの漸進的脱却の歴史であり、また再特異化への転換の歴史でもある。この歴史の画期は丹下健三と磯崎新という二人のキーパーソンによってもたらされた。丹下建三は一九六〇年代、日本の建築様式と都市スタイルのなかに構造主義的運動を打ち立てることによって、国際的機能主義の単純化された様相とのラディカルな断絶をつくりだした。〈メタボリズム〉と呼ばれる潮流は、建築空間の関係的布置の複雑性を強調した構造主義とは逆に、建物の工業化を人々のニーズに適合させようとし、とくにモジュール的カプセルの集合体を活用した。メタボリストは同時に、個人的、文化的、社会的な特性を考慮に入れながら、伝統的な日本的建物――あるいはそれと間接的に結びつく建物――を喚起するような形を構成することにも強い関心を持った。丹下健三の教え子であった磯崎新も師から偏流して、シュルレアリスムにも近接する象徴主義的・マニエリスム的創造への道を解き放つために、日本の建築を古典的モダニズムからラディカルに引き離そうと考えた。

こうした日本社会の激変と経済的活力から、建築生産の並外れた沸騰状態が生まれた。今日、最も創造力に富んだ建築家世代にあてがわれた〈ヌーヴェルヴァーグ〉（新潮流）というレッテルは、その世代の多様性から考えて恣意的なものと言わざるをえない。のみならず、この世代をポストモダンという旗の下に一括りにするのはさらに軽率なことであろう。なぜならこの日本の新建築世代は、さいわいなことに、一般にポストモダンという呼称がアメリカやヨーロッパで包含している折衷的で皮相な御都合主義とは無関係だからである。こうした日本的建築創造者の複数性を横断的につらぬいているのは、私が〈過程的創造〉と呼ぶものであろう。つまりそうした日本的創造者は流派や潮流などによってあらかじめ設定されたモデル化を脱却しているということである。彼らはめいめいが固有の個性を展開しようとしているだけでなく、自らの独自の創造過程の進化と変異をたどろうとしているのである。

したがってレッテル張りを拒否することによって、われわれはこれらの日本の建築家における生成変化の進展を探知することができる。そこに見られるのは、当然にも、彼らの作品が機能主義的枠組みや状況的要請に納まるものではなく、さらには人間中心の文化的基準からも脱却しているということである。そうした傾向は〝難解な錬金術〟と形容されることもあったが、それはとくに日本の世論のなかで、今世紀［二十世紀］においてこうした特異化への意志の再出現を見て取る準備ができていなかったからである。

ボトンド・ボーグナー［アメリカの建築家］が作成した現代日本建築の調査目録[1]から、われわれはその多様な創造的生成を取り出すことができる。それらの創造は互いに交差してもいる。直接子どもに差し向けられた建物あるいは子どもの目を通して間接的に着想した建物などにおける、相田武文、石井和紘、竹山実などに見られる〈子どもへの生成〉。東京に大木のてっぺんを完全に抱え込んだ自分の家――〈ブルーボックス〉――を建設した宮脇檀、あるいは〈三つの根を持つ家〉――そこでは木の幹や根の一部がセメントのファサードから姿を現している――をつくった六角鬼丈などにおける〈植物への生成〉。この日本の〈ヌーヴェルヴァーグ〉の建築家の多くは一般に樹木を自然の象徴として使っている。他方、吉崎隆正の影響を受け、神秘的な海の怪物のような建物〈ドーモ・セラカント〉をつくった東京の早稲田大学の〈Team Zoo〉（象設計集団）の標榜する〈動物への生成〉。また〈風景の異化〉を唱える安藤忠雄における〈抽象への生成〉や相田における〈ニルヴァーナへの生成〉、伊東豊雄における虚空と光のポリティクス、藤井博巳や篠原一男における〈非‐物体への生成〉――その概念主義は建築を零度に引き戻そうとする――なども喚起しておかねばなるまい。さらに〈反‐居住〉の路線を模索する毛綱毅曠もいる。ともあれ、こうした豊かな創造の内実についてはボトンド・ボーグナーの素晴らしい本に任せるとして、ここで私は高松伸のきわめて例外的な〈機械への生成〉についてとくに取り上げたい。

高松の建築は「技巧的で神秘的なオブジェを、物は見かけの姿ではないことを喚起する危険なものとして使う」[2]。クリス・フォーセットは、これらのオブジェは西日本の諸都市に設置されているがそれは根拠のないことではない、と指摘している。というのは、京都を中心とするエリアの人々は感性のみならず論理においても特殊性を有しているからだという。高松伸は京都の建築家であり、自分が京都的精神によって自己形成したことを強調してやまないという[3]。

しかしながらこの言明には逆説とも言うべきものがあるように思われる。というのは、高松伸の建造物は、今日本に見られる建造物のなかで疑いもなく最も挑発的なものだからである。パイプ、鋼鉄、平行棒、金属板、煙突、ガラス窓などでできた装置、ファサードから飛び込み台のように突き出した長方形の板といったものは、ポール・ヴィリリオが指摘したように、動くもの(家具)と動かないもの(建物)を混在させている[4]。要するに高松の工業的で未来派的な美学の総体は、彼が〈静かな優しさ〉と誇らしく語る京都の町との結びつきを必ずしも提示していないのである。多くの批評家は彼の大胆さに驚愕し、一九八三年京都に建造されたＡＲＫ(仁科歯科医院＋ギャラリー)を死体焼却炉になぞらえた。

この高松という創造者は彼が仕事の場とする都市といかなる関係を持っているのだろうか。この種の問いに答えるのに従来二つの対立する立場があり、しかもこれは果てしなき議論でもあることを思い起こそう。まずル・コルビュジエのようにコンテクストを重視し、都市組織との持続的関係のなかで建築的対象を形作るという立場がある。それに対してミース・ファン・デル・ローエのように、建築作品を周囲の環境から切り離して、独自の形を組織し構造化するための対象にするという立場がある。(5)

しかし日本の建築の新潮流、とくに高松伸の建築はわれわれを第三の立場に導く。つまり彼の建築作品は美的対象として完遂されると同時に、周囲のコンテクストに全面的に開かれているのである。(6)このことは私に田中泯のような舞踏家を想起させる。つまり自らの身体に完全に内閉しながらも、周囲の環境から感じ取るものに過敏に反応するということである。しかしもっと単純に考えると、われわれは毎日、内在的に固有の構造を持ちながらも外部の環境とも作用しあう物（オブジェ）と頻繁に接触しているではないか。これらの物（オブジェ）は言ってみれば、われわれの現代生活を至るところで維持している多数多様な機械にほかならない。これらの物のもうひとつの特徴は、これらの物は時間の経過にしたがって相互に入れ代わったりしながら進化し、生き物を想起させるような系統発生を行なうということである。そしてこの点においてもわれわれは高松伸の土俵の上にいることになる。なぜなら高松の主要な特徴のひとつは様式という考えをいっさい拒否することであり、彼は同じものを二度とつくらず、都市との同じ格闘を決して行なわず、おのれ自身のメッセージを起点にしてしか都市の歴史を把握しようとしないからである。(7)

高松伸は梯子《はしご》〔異次元の接続〕という概念の重要性を強調し、異質の次元のあいだの対応システムを打ち立てるためにこれを複雑な仕方で活用する。たとえば建築装置の諸要素をファサードや建物全体と関係づけ、さらにそれを街と結びつける。(8) すると、思考、光、空気、風などが他と異なる京都、高松があらゆる次元でゆったりとした動きを送り出しているフラクタルな組織体として捉える京都が、彼の建築機械の全要素を通して密かに再接合、再創造、再発明される。(9) ここでブノワ・マンデルブロ［フランスの数学者・経済学者（一九二四〜二〇一〇）。フラクタル理論の提唱者として著名］の言うフラクタルなオブジェを参照してみよう。というのは、この種のオブジェは内的シンメトリーの存在、つまりあらゆる巨視的・微視的な段階において見いだされる形態の存在を伴うものだからである。(10) そこでは、建築総体のひとつひとつの要素――それが内的なものであれ外的なものであれ、あるいはその大きさがどうであれ――、ひとつひとつの光線、ひとつひとつの視覚といったものが、全体的効果のために作動するのである。

他方、伝統的な日本建築のなかに、こうした巨視性と微視性の対応システムを見いだすことができる。日本の古い時代には、宗教的建物や公的建造物をつくるときに、周囲の庭や自然とこれを切り離すことは考えられないことであった。高松伸にとって、現代においてすべての事物はもちろんこうした昔とは異なる。彼は、時代の変遷がもたらした飽和状態の都市状況のなかで建築活動を行なわなくてはならないからである。かくして高松は、自然と文化とのあいだに存在する昔からの関係性を変容させ、都市組織に直結した別の自然を極度にソフィスティケイトされた形で創造したのである。

高松の手法を最も驚異的に体現しているのは、先に言及したARKである。京都にあるこの歯科医院はバロック的機関車の形をしている。それはこの建物が鉄道と駅に隣接しているからである。そしてこのバロック的機関車は、魔法の杖の一振りのように、周囲の環境を一種の植物機械的風景に変貌させている。

作品というものは、その特異性を通して、状況を共通の理解とは逆方向に変化させることがある。新潮流のもうひとりの代表的建築家藤井博巳はすでに建築を意味産出機械として定義していた[11]。しかし高松伸の場合、われわれはこの方向をさらに推し進めて、彼の作品を主体的言表行為産出機械としての建築、もっと言うなら実存的転移産出機械としての建築として捉えねばなるまい。こうした角度から高松の作品を見ると、そこには、主体的な脱中心化の作用を発動するためのある装置から別の装置への移動という、日本文化の特性に深く根ざした創造的方向を認めることができる。高松の建築作品においては、最も抽象的なものが最も具体的なものや最も直接的なものの連続体のなかに存在する。たとえば京都の有名な禅寺龍安寺の石庭（の石）は、自然の要素であると同時に抽象的な構成物でもある。日本文化におけるこうした主体性（主体化）のテクノロジーの事例はかぎりなくあり、華道、茶道、武道、相撲、能、文楽などの伝統のなかにそれを認めることができる。

ではこれから、高松伸が日本的主体性を再発明するために発動するこの再特異化の過程機械の基本的仕組みを明らかにしていこう。それはまた最も伝統的であると同時に最も近代的な様相を呈してもいる。[12]この不動の機械の行なう基本的動きは切断と分離であり、それが新たな基準世界を切り開く。そしてこの新世界が多くの実存の領土や新たな集合的言表行為の動的編成を生み出すのである。こうした実存的断絶効果を得るための手段はこのうえなく多様である。たとえばシンメトリーの破断、脱中心化された諸形態の接合、水平的・垂直的な裂開、二つに分離され異なった様式を持つ建物の重層化、虚空への昇天、深淵の開口などなど。そして何よりも、ファサードや内部空間の眼球構造化。目的はつねに同一である。すなわち建物を、個人的・集合的な人間的主体性の切片と協和する非‐人間的主体にすること、これである。この主体性の〈機械状生成〉は逆説的にも、顔貌性［ドゥルーズ／ガタリが発案した〈記号体系の具体像としての顔貌〉という概念］が建物を組み込んで、建物が動物‐アニミズム的かつ植物‐宇宙的な仕方で生きる新次元に移行することによってしか生じることができない。

では、こうした機械状構成の各要素の作動の仕方を解説しよう。

シンメトリーの破断

高松伸の建造物には多くの場合、強迫的とも言えるほど垂直線の反復が見られる（一九八二年に建造された岐阜の西福寺や一九八三年に京都につくられた歯科医院など）。しかしこれらの垂直線にはたいてい多様な横断的要素が交差している。たとえば建物の内部の例では、一九八五年に名古屋につくられた〈DANCE HALL〉の内部の白い光の縞、あるいは一九八四年に京都につくられた〈GARDEN〉における伝統的建物を想起させる梁。また外部の例として、一九八七年につくられた〈北山 Ining'23〉においては、V字型の金属の梁が建物の正面に取り付けられている。一九八八年に着工し一九八九年に完成した〈Migoto〉（味古都）［宇治市の飲食店］においては、このVの形が鳥の翼状に広がり、階段の長い手摺りと交わって前景をなしている。一九八七年に着工し一九九〇年に完成した〈Sub-1〉（サブ・ワン）［東京のオフィスビル］においては、四半分の円、半分の円、そして不連続の円の切片を元にして、線対称のシンメトリーがシステマティックに崩されている。

脱中心化された諸形態の接合

高松の建築は円柱と立体構造の組み合わせが非常に多い。最も単純かつ純粋な例は一九七八年に京都につくられた〈城戸医院〉であり、そこでは全面的組み合わせが見られる。しかし多くのヴァリアント（変異形態）がある。一九七七年に宝塚につくられた〈駒杵邸〉では立方体と円柱が組み合わされている。一九七八年に京都につくられた〈湖睦電機ショールーム〉では、長方形構造に円柱が垂直に接合されている。一九七九年に京都につくられた〈二村染工場〉のファサードは、外側は線形、内側は鉤形の二重構造になっている。何度も引き合いに出すＡＲＫ（仁科歯科医院）では、立体構造と巨大な円柱が重ね合わされている。一九八七年に京都につくられた〈ＭＫ東五条給油所〉では、ファサードに接する周囲の部分が角の丸い三角形の部品で拡張されるとともに、そこに四角に裁断された円柱が重ね合わされており接合が強調されている。

水平的・垂直的な裂開

高松の建築に見られる特徴は次元と形態の不安定化だけでなく、一種の主体性の発生源の創造である。一九七八年に京都につくられた〈山本アトリエ〉や〈湖睦電機ショールーム〉は、ともに垂直に二つに裂開されているようになっている。また同時期に宝塚につくられた〈駒杵邸〉においては、垂直の円柱が連続窓によって水平に裂開されている。裂開は一九八〇年代になるとさらに進化して、京都の〈山口写真館〉では垂直に二重化され、一九八四年の〈PHARAOH〉では水平に二重化されている。そして一九八八年の〈クリスタル・パレス〉では三重化され、一九八九年に完成した〈Zeus〉（仁摩サンドミュージアム）では四重化されたうえ、その側面に二つの裂け目が付随的に重ねられている。

二つに分離され異なった様式を持つ建物の重層化

これは高松の最近の手法であり、空洞効果による不安定化である。とくに一九八二年に京都につくられた吉田邸の場合は顕著である。そこでは薄暗い一階が旧道と一体化し、大きな白い上部が周囲の風景のなかに突出している。この手法は一九八六年以降体系的に探究される。一九八六年に京都につくられた〈origin Ⅲ〉（織陣Ⅲ）では上部が三重になっている。一九八七年に東京につくられた〈丸東ビル〉をはじめとして、この手法でつくられたものは十以上にのぼり、しだいに洗練されたものになっている。

虚空への昇天

これは他の日本の建築家にも見られる手法である。しかし高松を特徴づけるのは、この手法が幾度となく自由自在に用いられていることである。一九八三年に大阪につくられた〈高橋邸〉のファサードの場合、日本の伝統的な屋根の高さはとくに注目に値しないが、一九八四年に京都につくられた〈PHARAOH〉の場合、内部は目がくらむほどの高さである。一九八五年に京都市左京区につくられた〈修学院の家Ⅱ〉では、鏡に映るイメージを重ねた二重の階段が行き止まりの踊り場に荘厳に向かっている。また〈SYNTAX〉［地下一階地上四階の京都の商業施設］では、建物全体が二つの巨大な翼のような巨大な階段として造形されている。

深淵の開口

これも空間の扱い方であり、その最も古く最も顕著な例は一九七八年に京都につくられた〈山本アトリエ〉である。一九八九年のやはり京都の〈山口写真館〉では、建物全体が大きな立方体の口によって食べられているような造りになっている。

眼球構造

建築的構成が言表行為の部分的主体としてのオブジェに変身するのは、窓や開口部をはじめとする諸形態を通してである。こうした諸形態が高松の建造するファサードの顔貌化を完遂する。それは一九八二年建造の京都の〈宮原邸〉においては、巨大な一つ目となり、一九八四年建造の京都の〈PHARAOH〉においては二つの目が重なり合い、一九八一年建造の京都の〈佐々木製菓工場〉においては、二つの目が並ぶ形態になっている。一九八三年建造の京都の〈ＡＲＫ〉においては、大きさの異なる二つの目がずれた位置に機械状に置かれている。一九八一年の京都の〈origin〉では、二つの目がフクロウの顔のなかで融合し〈キリングムーン〉［〈origin〉（織陣）プロジェクトの別名］の象徴を構成している。一九八六年の〈松井邸〉では、水平に置かれた四つの目が、やはり〈キリングムーン〉を想起させる翼を持った顔とシンメトリーをなしている。さらに、一九八二年の京都の〈origin II〉では、四角形をした四つの目が湾曲した建物の表層にあしらわれている。一九八七年に尼崎につくられた〈キューブ南武庫之荘II〉は、ファサード全体が斜めに湾曲した目で覆われている。こうしてあらゆる変異形態が探究されているのだが、注目しなくてはならないのは、目がはっきり顔に組み込まれていない希なケースにおいても、顔貌性の効果が別の手段によって探究されているということである。

こうした建物の〈顔貌化〉の提起する中心的問題は、高松伸の創造における心理的アスペクトと審美的アスペクトの関係の問題である。おのおのプロジェクトを関連づける創造的つながりには内的衝動の存在が感じ取れる。高松伸の建築オブジェは各プロジェクトの初期設定と根本的にずらされている。それは合理的一貫性の手前にあって、激しい衝動性の発源する場所において成り立っている。この無意識の空間から高松は通常の知覚を混乱させる特異な空間をつくりだすのである。この創造者は、自分はつねに同じ出発点に戻って再出発すると述べている。その出発点とは紙とインクで成り立った記号体系であり、その記号体系が予期せざる分岐、削除、復活などを通して変化しつつ、やがて過程的一貫性を身にまとい、もはや高松自身のものとしか言えないものになるのである。

おそらくわれわれは、先に説明したスキゾ建築群と、高松伸が目眩の強迫観念と死の誘惑という一種の根元的な二重性を乗り越えようとする絶えざる傾向性を有していることとのあいだに、関係性を見いださなくてはならないだろう。しかしここで作動しているアルカイックな幻想がどうであれ、高松作品の建築的狙いの本質をそうした幻想に結びつけるのは適切ではないと私には思われる。なぜなら高松の建築オブジェは、建築の自動的生成の境界線を踏み越えて、建築的文脈［建造物と周囲の状況との関係］を一から再創造することによってしか一貫性を見いだせないものだからである。このことは一九八七年に大阪に建造された〈キリンプラザ〉において顕著に現れている。道頓堀川のほとりに建てられたこの豪奢な建物の闖入によって、この場所の状況は一変した。これは当初の建築図面のなかに含まれていた衝動的局面が最終的に都市の組成のなかに移植されて生じた現象である。この建物の一連の表現マチエールの変異が都市的オブジェにまつわる従来の感覚を脱領土化したのである。私の見るところ、この脱領土化と建築機械としての客観的自己充足性が高松伸の作品の主要な達成を構成している。（たとえば高松はスポンサーを十二分に満足させた完成作品をゼロからつくりなおしたりしているが、それはこのアーティストだけが感じ取ることができる密かな欠落が、作品の自動機械化されたオブジェとしての一貫性を脅かすことを彼が恐れたからであろう）。

したがって高松作品の誕生は三つの段階からなっている。

［1］主として図面を通して行なわれる幻想的段階

［2］幻想的根茎を建築的オブジェによって振り払おうとする離脱と産出の段階

［3］造形と外部環境ならびに内部的機能目的との調和の段階

他方、高松作品のとくに初期の作品における最も攪乱的で危険性を孕んでもいるアスペクトは、同じ建物の外部環境と内部機能のもたらす効果の非対称である。高松伸は自分の建造物の内部のつくりと格闘しているとき制御しにくい過程に引き込まれたように思われる。内部に関しては、おそらくもっと早く建設をやめたほうがよかったとわれわれにはしばしば感じられることがあるが、建物の外部との関係の編成においてはそういう感じは決してない。しかし最近の作品においては、こうした引き伸ばしへの懸念は無用になっている。内部のディテールによる深淵化の編成が後景に退いて急迫的リズムが発動しているからである（たとえば一九八七年につくられた愛知県西尾市の〈ORPHE〉［市役所近くの建物］がその一例である）。高松伸は将来新たな弁証法的出会いに恵まれ、建物の内部と外部の有機的結合という本質的問題構成を別の角度から再編することになるだろう。

原注

（1）Botond Bognat, *Contemporary Japanese Architecture* (New York: Van Nostrand Reinhodl, 1985).

（2）S.D., exclusive issue on Shin Takamatsu (Tokyo: Kajima Institute Publishjing, 1988), p.146.

（3）S.D., *op.cit.*, p.57.

（4）Introductory blurb on Shin Takamatsu by Paul Virilio on the occasion of his January 1988 exhibition at the Centre Georges Pompidou.

（5）See Giuseppe Samona's article "Composition architectural" in *Encyclopedia Universalis*, volume II, p.563.

（6）In the sense that Mikhail Bakhtin gives to this expression in his *Esthetique et théorie du roman* (Paris: Gallimard, 1978).［バフチンが『美学と小説の理論』のなかでこの表現に与えている意味において。］

（7）S.D., *op.cit.*, p.61 and statements made in January 1988, *op.cit.*

（8）S.D., *op.cit.*, pp.59 and 61.

（9）S.D., *op.cit.*, p.60.

（10）Benoît Mandelbrot, *Les objets fractals* (Paris, Flammarion, 1984).

（11）Kenneth Frampton,ed., *The Architecture of Hiromi Fujii* (New York: Rizzoli, 1987).

（12）高松伸はイタリア未来派へのシンパシーを表明しており、一九八六年に建造した多くの建物においてさまざまなやり方で奇妙な象徴をつくっているが、それは彼がマリネッティの詩から着想した〈キリングムーン〉と呼ばれるデッサンに基づいている。

［このテクストのオリジナルは『シメール』二一号（一九九四年冬号）に掲載されたものである。］

高松伸との対話——特異化とスタイル

ガタリ　あなたの多くの建築物に見られる建物の内部と外部の相違について議論したいと思います。あなたは建物をつくる過程において、この内と外の関係をどう捉えていますか。

高松　建物の外面（とくに正面）は街路や環境や自然などを含む屋外と関係を持っていると思います。それはほとんどの場合公共性と関わります。他方、建物の内部は屋外と直接関係のない固有のシステムを持つことができます。ですからメッセージを伝える建物の外側の機能的役割と内部とのあいだにギャップが生じます。このギャップを建築的にデザインする仕事はたいへんエキサイティングなのです。

ガタリ　ギャップをデザインするとはどういう意味でしょうか。

高松　建物の外側が内部の完全性を毀損することがあります。たとえば建物の外側の光がなかに入ってくると、内部の自律的世界の形成を妨げて、劇的な変化が起きることがあります。

ガタリ　自律的世界が窓によって崩壊するということでしょうか？

高松　そのとおりです。ですから私が〝デザイン〟という言葉を使ったのは適切ではないかもしれません。私は内部と外部のギャップを元に内部システムを補強するために何か劇的な要素を求めているのです。私は内部と外部が互いに強化しあうような工夫を試みてきたのです。

ガタリ　しかしあなたはいつも外部から始めるのではないですか？

高松　もちろんそうですね。

ガタリ　内部のほうがオブジェとして扱いにくいとお考えですか？　つまり、内部のスケールに拘束されていると感じているかどうかということですが。

高松　スケールというのは空間の大きさのことですか？

ガタリ　そうです。

高松　私がデザインする内部の建築空間は、たいていがもっぱら求心力に従属する空間です。したがって外部のスケールが人間の大きさを超えて拡張しても内部のスケールは縮小するのです。イメージで言うと、外部が中心に向かって縮んでいって小さな宝石のような宮殿になるのです。

ガタリ　あなたの建築作品は以前に比べて内部の諸要素のつくりがより技巧的になっていると私には感じられるのですが、どうでしょうか。たとえば昨日私が見たビルなどがそうです。〈origin〉（織陣）よりも〈オルフェ〉のほうが内部が広くつくられていますね。

高松　内部の強度にあわせて収縮した空間をつくることは大変難しいことです。自分を際限なく小さくするようなものです。それは私が年を取ったせいもあってか、ますます困難になっています。私はいま内部が外部に突き出した空間を構想し始めています。

ガタリ　〈オルフェ〉においては、内部と外部のスケールが潜在的に同じであると感じましたね。

高松　そのとおりです。私は内部をもうひとつの外部として扱おうとしているのです。これは一種のパラドクスです。

ガタリ　それは非常に重要な点ですね。あなたは内部と外部の対比をつねに避けようとしてきたように思います。これはあなたの創造的変化に関係していますね。そうした対比を避けることによって主体性を内部の産物に還元するシステムから脱却しようとしているということですね。あなたが境界を横断するという感覚を持っているのかどうかに私は大きな関心を抱いています。建築構造を完成に導いていく具体的段階において、あなたがビルディングの包摂範囲（レルム）を超えていく感覚を持っているかどうか知りたいのです。それと関連してですが、あなたは内部と外部のどちらが重要だと思っているのでしょうか。あるいは両方とも同程度に重要だと思っているのでしょうか。

高松　外部の状況が内部の構造を有効化するというのは建築が想定していることです。しかし、そうした安定した図式に支えられた物語や解釈は思ったほど豊かなものではないと私は最近考え始めました。いま私にとって重要なのは、そうした図式を超えて、建築がそれ自体として深さを持つ地点に達することです。まったく深さや厚みを持たないような建築を創造することは難しいと思いますが、私の方法は一種のパラドクスを使うことです。私は外部を濃密にデザインして別次元にまでもっていこうとします。私はこの試みを強度の問題として実行しながら厚みと深さをつくろうとするのです。これが内部／外部のシステムと批判的に格闘する私のスリリングな試みなのです。

ガタリ　私が思うに、物をつくるプロセスは二種類あります。この二つは、性格は異なっていますが、必然的に結びついてもいます。ひとつのプロセスは創造する対象物と幻想的関係を有するものです。その場合、幻想が過剰になると創造者はスケールの感覚を失って建築ではなくなります。あなたは創造的プロセスにおいて幻想の過剰な流れと闘いながら過剰性を抑止しようとしているのではないかと思われます。もうひとつのプロセスにおいては、創造者は二つのスケール［たとえば内部と外部といった］のあいだでパラノイア的に生み出されるさまざまな対応性を理解し具体化するというものです。

高松　その対応性はどういう次元にあるものでしょうか？

ガタリ　さまざまな構造的要素から全体にまで至るあらゆる次元です。あなたはこの二つのスケールの弁証法的局面のいずれをも抑止しないようにしながら過剰性に立ち向かっているように思われます。何かを図面に書くことと純然たる想像との違いを、あなたが創造過程においてどう扱っているかを知りたいですね。たとえば人間の顔や動物の体のような形をつくる想像のことです。この両者のあいだに相違が存在するにもかかわらず、あなたが図面を引くとき、あなたの思い描く想像世界とさまざまな実際的注文とが共存する場合、あなたはどうしているのかということです。

高松　私の仕事の場合二つのものを区別することは不可能です。建築には何か抽象的な観念のようなものがつきまとっているように思われます。建築技法の多様なシステムを使うことによってそうした観念のすべてを共鳴させることが可能だと私は思っています。内部と外部の関係を取り込みながら建築空間を完成するすべてのものにチャレンジするということです。そのとき妄想的な想像はツールになるのです。言い換えたら、既知のものの意図的誤用あるいは建築スケールの意図的誤用がある種のツールになるということです。抽象的観念としての建築を攪乱するのに役立つツールには、意識的なものから無意識的なものまでさまざまなレベルがあります。

ガタリ　それはたいへん興味深い話です。もうひとつ質問させてください。あなたはあなたのつくったもののなかに実存感覚をもって住むことができると思いますか？

高松　何を問われているのか、いまひとつわかりませんが……

ガタリ　たとえば、あなたのスタッフが私に言ったのですが、あなたは建物の注文主がすでに満足していても、なんどもなんどもつくりなおすそうですね。それはつまり、あなたはその建物のなかに自分が住めないと感じたからでしょうか？

高松　そういう意味ならそうでしょうね。

ガタリ　それは私にとって非常に重要なテーマと深く関係しています。私はものを書くことと図面を引くことは同じことだと思っています。記号システムのなかでは、直示と意味作用は機能的に区別されます。直示は対象を直接的に描くための指示関係です。しかし意味作用は対象を直接的に指示するものではありません。意味作用と指示対象とのあいだには断絶関係があります。

高松　そのギャップを私は〝記号的陽動空間〟と呼んできました。というのは、私は建築は一種の記号システムだと考えているからです。

ガタリ　言語学者にとってシニフィアン（記号表現）とシニフィエ（意味内容）は恣意的関係にあります。音素としての鉛筆と鉛筆自体とのあいだには実存的関係は存在しません。むしろ、そこには対応システムは存在しないと言ったほうがいいかもしれません。あるいは存在するとしても、恣意的関係システムにすぎないということです。これは従来の見方を否定するものです。私はさらに別の次元、別のレベルを把握したいと考えているのです。私は第一のカテゴリーを直示、第二のカテゴリーを意味作用と呼んでいますが、そこに私は、私が〈実存的機能〉と呼ぶ第三のカテゴリーを加えたのです。たとえばこの第三のカテゴリーの機能が〈キリンプラザ〉のような建築に自律的主体性をもたらすのです。こうした主体化はあなた自身を生み出すと同時に実存の領土を生み出すのです。そうであるがゆえに、あなたはあなたのつくった建築のなかに住まうことができるようになるのです。そしてこの自律的機能こそがそこに住む人々やそこを通る人々にも働きかけるのです。

高松　建築と建築家と建築家がつくった建物のなかに住む人々とのあいだは、おそらく等距離であろうと私は思います。この等距離的分離が自律的機能を促進するのではないでしょうか。

ガタリ　そうですね。それは音楽における主体性についても同じだと思います。一つの楽曲、その演奏者、そしてそれを聞く人々のあいだにも、それと同じ距離が存在しています。要するに自動的な自己参照システムが働いているのです。一般に物は外部的な関連システムから逃れることはできませんが、実存的システムはそれから完全に逃れることができるのです。実存的な物は絶えず死や消滅に脅かされています。なぜなら自己参照機能を持つ物は普通の物とは違って異質の空間との境界線上に存在していて、そのためつねに自己消滅の危機にさらされているからです。あなたの建築はそのようなものです。言い換えると、意味論的レベルにおける分離がどこかで起きているということです。記号システムからの意味論的分離が起きているということは、私にとってたいへん興味深い点です。直示と意味作用の結合機能がもはや働かず、その両者の分離が作動し始めるということ。つまり参照基軸となるシステムというのはそのようなもので、そこではさまざまな構造が結びつくのです。そして相互に強度をもって結びつきながら機能し、主体性を起動させるのです。私の見るところ、あなたの主体性はこの種の参照システムの構造を有しています。問題は決定を下しコントロールの力を有する基準を見つけることです。言い換えるなら個人的な幻想や原始的技法を通じて獲得されるコントロールのための心理的基準です。それは二つのスケールの組み合わせで成り立つものです。一方は個人的創造のレベル、もう一方は多様な建築的ファクターのレベルです。こうした基準的機能が実存的領域の機能と結びつき、そうやって個人的レベルと人々がその空間に住まうときに感じる集合的レベルとの対応関係が生まれるのです。

高松　そのとおりだと思います。

ガタリ　私がいま説明したような仕方で人々が機能することはたいへん重要なことだと思います。言い換えると、すべてのことは心理的次元と関わりがあるということです。しかし心理的次元は創造的過程の構成要素のひとつにすぎません。あなたはあなた自身の内的論理を持っていると思います。それを話してもらえませんか。

高松　私の方法論にはいくつかの次元があると思います。原始的幻想の次元、さまざまな数学的次元、建築的記号システムの次元などなどです。そうしたすべての次元を媒介することは不可能です。小さな家をデザインするときでも、私はこうした諸次元の層の混交を横断していかねばなりません。この〝横断〟という言葉は私が以前使っていた〝共鳴〟という言葉と同じ意味です。

しかし共鳴が大きな広がりを持っているときでも、それが作動しない場合が必ずあります。そのときさまざまな次元は崩壊寸前の状態に陥ります。そしてその時点に主体性がおのずから立ち上がるのだと私は思います。私の建築が濃密な無のようなものを表しているのはそのためでしょう。

ガタリ　日本の哲学には〝無〟や〝虚構〟という概念がありますね。日本の現代建築には無あるいは空虚の形而上学を強調するものがたくさんあります。しかしあなたの濃密な無はそうした種類の無とは違うものです。

高松　そのとおりです。

ガタリ　そうした点にくわえて、あなたが過去から背負っているものがありますね。あなたはいま、経済的、社会的、数学的なシステムといった多様なレベルを横断すると言いましたが、そうしたレベルにくわえて、あなたの建築家としてのこれまでの経歴は、何かを変えようという姿勢にもかかわらず、過去を引き摺ってもいます。そうした時間的ファクターもまた、横断されるべきレベルを形成しているのではないでしょうか。あなたが〝自分は固有のスタイルを持っていない〟と言っていることを耳にしたことがあります。しかし私にはそう言い切るのは安易にすぎると思われます。あなたはあなた自身のスタイルを持っていることを否定していますが、あなたはしだいにスタイルを身につけようとしているのだと私は思います。

高松　私ははじめから私の内面を形作っている流れのようなものがあると強く感じていました。

そのため私の方法は変化し続けているのでしょう。おそらくあなたは、私がそうした流れの速度を失ったとおっしゃりたいのだと思います。言い換えると、より速くというよりも流れの速度に合わせて動く、あるいは少し流れをさかのぼるといった具合に流れとつきあっているということでしょう。

ガタリ　あなたの最近の建築作品で言うと、たとえば西福寺の柱に私はそういうフィーリングを感じます。それはそれとして、あなたのスタイルについての議論を続けたいと思います。スタイルというものがあなたにとっては個人的な問題であっても、あなたのスタイルは現代日本建築においてある役割を演じているのです。言い換えると、私の印象では、あなたは現代日本建築においてはじめてどこか類い希なアウトサイダーとして出現したということです。そしてその位置が作品をどんどんつくっていく過程で変化してきたということです。なぜかと言うと、あなたは現代日本建築の重荷をあなたの肩に背負いつつあるからです。それがあなたをもはやアウトサイダーではない位置へと押しやっているのだと思います。あなたはいまや、現代建築の代表者として発言できる位置に立っているのだと思います。スタイルに負荷されている意味はそういうことであると私は思います。

高松　私はそういった状況に注意を払いたいと思っています。私は自分の内的流れから外に出ると同時に、外的流れからも外に出ることがつねに必要だと思っているのです。私はあなたの言う二つの流れの微妙な違いに注意を払いながら、自分のやり方を繰り返し、同時に少しずつ前進していくのです。その微妙な違いは外に立つことへの強い欲望を引き起こし、ある主体性から別の主体性へと私を突き動かすのです。

ガタリ　それは一種の共鳴ではないでしょうか。あなたの建築を見た多くの人は奇妙な機械状の形に驚いたり、これは突拍子もない建築作品だと言ったりするでしょう。それはたしかに大きな特徴ではありますが、しかしあなたの作品をそうした心理的レベルで捉えるだけでは十分ではありません。あなたの建築作品は特異化のプロセスとして再検討する必要があると思います。そうすることによってあなたの建築作品は、すべての人、すべての建築家を引きつける、ファンタジー的特徴を有する特異化の産物として、多くの人の共有物となるのではないでしょうか。そう考えると、あなたがあなた固有の流派をつくるという話にもなります。おそらくあなたの周囲に集まっている人々のあいだでも同じ種類のシステムへの関心があると思います。そうやって、あなたとそうした人々が共通の特異化において合流するのではないかと思います。

高松　あなたの言う特異化というのは、ある対象――この場合建築の自律的システム――を内部化することによって距離を制圧するということですか。

ガタリ　その距離というのは、私がスケールと呼んでいるものと同じものです。客観的世界においては一般的に、何かとその何かの外のあるものとのあいだの相違が多様な距離をつくっています。したがってそのような距離を制圧するためには、われわれはわれわれ自身を時間的・空間的力から引き離さなくてはならない。言い換えると、われわれを外部との関係から引き離すために、われわれの内部的力に焦点をあてなくてはならないということです。別の例として、たとえば音楽の場合を考えてみましょう。演奏者は楽譜を詳細に検討して、自分の技術的実行を考え、オーケストラや聴衆との関係を考察し、最終的に聴衆の感情を考慮します。こうしたさまざまな異なった次元が一体的に共鳴してあるハーモニーを生み出し、われわれに音楽の自律性を感じさせるのです。楽曲の全体的構成が外部をなんら気にせずにおのずから機能し始めるわけです。そのとき聴衆に生じているのはいわば転移による認識であり、概念に基づいた認識です。またそれは概念ではなく感情に基づいた理解であると言えるかもしれません。その場合、それは漠然たる感情ではなく、その楽曲にふさわしいように周到に準備された感情です。その楽曲にふさわしいのはなぜかと言うと、それはさまざまな異なった世界から成る実存的領域と堅く結びついたわれわれの理解に対応する感情だからです。あなたが病院や精神科クリニック、学校などの建設を手がけるなかで、あなたの個性的な建築が今後どう変化していくか、たいへん興味深いところです。言い換えると、私はそうしたシステムのなかの多様な要素がどのようにあなたのデザインプロセスに入っていくかを見たいのです。

高松　それは建築家が建築に身をゆだねるということでしょうか。私は医者である私の妻に、そうした問いにどう答えるべきか尋ねたことがあります。そのとき彼女は病院の場合は患者の立場に立ったらいいと助言をくれました。今日あなたの話を聞いていて、私は妻が言ったことを考え始めました。病院のような機能的建物をデザインする建築家と、そうした機能的建物とはまったく異なった建物をデザインする建築家とのあいだに、どんな会話が成り立つとあなたは思いますか？

ガタリ　私は建築家ではないのでそれはわかりません。しかしその答えは私とあなたが以前話したことのなかに見つけることができるように思います。いわゆる機能的近代建築は機能を優先して、建築的レベルにおける特異化はあまり顧みられません。それに対してあなたの場合は、建築的レベルにおける特異化が優先されます。そこから答えを引き出すことができるでしょう。たとえば、私が働いている精神科クリニック［ラボルド精神病院］は元々病院として建てられたわけではない古い建物［十九世紀に建てられた城館］です。ですから機能という観点からまったく望ましくない。目的に見合っていないからです。しかしながら、個室やホールはさまざまな新しい使い方ができます。つまり空間は建物が建てられた当初の人間的特徴を失って、現在そこにいる人たちによって再創造することができるのです。その意味で、この建物は病院ではなかったのですが、病院としての特異化や自律化への余地を残していたと言えるのです。あなたは未来において顕在化する潜在的建築というものを想像することができますか？

高松　私は大学で学生に建築学を教えるとき、つねに大きな困難にぶちあたります。それはコミュニケーションの問題でもなければ、普遍的理解の問題でもありません。それは特殊なコミュニケーションが必要とされるからです。つまり建築自体のなかに存在している潜在的建築を伝えなくてはならないからです。

ガタリ　それはあなたが合意を前提とした普遍性ではなく、新たな特異性を呼び起こそうとしているからだと思います。

［このテクストは雑誌 *Parallax*（二〇〇一年）に掲載されたものである。］

エコゾフィーの実践と主体的都市の復興

現代の人間は根本的に脱領土化された存在である。現代人の生まれながらの実存的領土――身体、身の回りの空間、家族、宗教といった――は、一定の土地に限定されているのではなくて、絶えず変転する不安定な表象の世界と結びついている。耳にウォークマンをつけて徘徊している若者たちに住み着いているのは、彼らが生まれた土地からはるか離れたところで産出されるリトルネロにほかならない。それに、彼らにとって生まれた土地などどんな意味があるだろうか。彼らが生まれ死ぬことになるのは、たいてい彼らの先祖が眠っている場所ではない。彼らにはもはや先祖などいないのだ。彼らはなぜかそこで生まれ落ち、かしこで死んでいくだけである。彼らをプログラムに組み込む社会‐職業的な軌道にそって、情報コードが彼らの〈居住地を指定する〉のであり、それがある者にとっては相対的に恵まれたところであるのに対して、別の者にとっては生活保護を受けるところであったりするのである。

音楽、モード、広告のコピー、ガジェット（アイディア商品）、さまざまな系列産業の宣伝などなど、今日、巷にはありとあらゆるものが行き交っている。しかしながら製造されたものどうしの差異があいまいなうえに、何もかもが交換可能な規格化された空間のなかにあるために、すべてのものが動かないでいるかのように見える。たとえばツーリストは同じ客車や同じ飛行機で運ばれ、エアコンのきいた同じホテルを利用し、すでにパンフレットやテレビで幾度となく見たことのあるモニュメントや景色の前を通り過ぎていくといったふうに、旅行といってもほとんど動かないも同然の旅行をするのである。かくして主体性は化石化の危機にさらされている。主体性は差異や意外性、特異な出来事といったものへの嗜好を喪失しつつある。テレビで放映されるさまざまな競技、あるいはスポーツやバラエティー番組、政治活動における〈スター・システム〉といったものが、神経を弛緩させる麻薬のように主体性に作用し、主体性を苦悩から守るかわりに幼児化し、主体性の責任を解除する。

では、かつてのような安定した主体性の標識の喪失を惜しんで主体性の歴史が突然停止することをよしとすべきであろうか。そして、ナショナリズム、保守主義、外国人排斥、人種差別、原理主義といったものへの回帰を宿命として受容すべきであろうか。今日少なからぬ世論がこのような誘惑に捕えられていることからすれば、こうした傾向は単なる幻想として一蹴するわけにはいかない危険をはらんでいるといわねばならない。現在の地球的規模における行きづまりからの脱出口は、文化や民族や国家を横断する新しい土地を創出し、領土化された権力の呪縛から解放された横断的な価値の世界をつくりだすことによってしか見いだすことはできないだろう。

　人類と生命圏は堅く結びついている。そしてまた、人類と生命圏の未来は、この双方を含み込む機械圏に従属してもいる。つまり、経済的・生産的な究極目標の見直し、都市の動的編成、社会的、文化的、芸術的、精神的な実践の再創造といったものがなければ、人間にとって居住可能な土地を再構成することは期待できないだろうということである。人間的、エコロジー的な跳ね返りを無視して、ひとえに量的な拡張をめざす経済成長――しかも利潤経済と新自由主義の排他的な支配下に置かれた――の時限爆弾のような仕掛けを取り除いて、人間の欲望の対象の特異性と複雑性を復権する新しい質的なタイプの発展をめざさなくてはならないのだ。こうした環境エコロジー、科学的エコロジー、経済的エコロジー、都市のエコロジー、社会的エコロジー、精神的エコロジーといったものの接続を私はエコゾフィーと名付けたのである。それは、このようなそれぞれに異なったエコロジー的アプローチをある同一の全体主義的なイデオロギーのなかに包含するためではなくて、逆に、多様性や創造的分岐に向かっての倫理-政治的な選択、差異と他性に対する責任の選択というパースペクティブを指し示すためである。生を構成するセグメント(切片)は、そのそれぞれのセグメントを超え出る個人横断的な系統流《フィロム》のなかに挿入されながらも、根本的に単一的なものとして把握することができる。われわれの誕生、死、欲望、愛といったもの、時間や身体との関係、生命のある形や生命のない形との関係といったものは、それらを新たに見つめ直すための、何ものにも捕われない澄明なまなざしを要請する。

子どもを対象とする精神分析家でもあり民族学者でもあるダニエル・スターンが、「現れ出つつある自己」(1)と呼ぶこの主体性をわれわれは絶えず生み出し続けねばならないのだ。専門家やテクノクラートの干からびて光明のない視点に取って代えて幼年期や詩の視線を奪回すること。黙示録に描かれているような新たな〈天空のエルサレム〉のユートピアなどを持ち出して、われわれの生きている現代の厳しい必要性に対応しようなどというのは論外である。そうではなくて、この必要性の核心部分に〈主体的都市〉を打ち立て、テクノロジー的、科学的、経済的な目標、国際的諸関係（とくに北と南の関係）、マスメディアの巨大機械といったものの方向づけを改めて設定しなおさなければならないのである。

したがって、われわれを生気のない空虚な近代性のなかで動きを停止した状態にくくりつける偽りのノマディスムから身を解き放って、機械状のコミュニケーション的・審美的な脱領土化にわれわれを誘う欲望の漏出線に合流することが肝要である。要するに、われわれの世界を動かすバネを再獲得することを通じて、植民地化以前のネイティブアメリカンインディアン（先住民）やオーストラリアのアボリジニと同じくらいの強度を持った実存的ノマディスムの出現条件を創出するということである。

こうした人間活動の集団的な目標の再設定は、都市のメンタリティーに変化が生じなければ考えられないだろう。未来予測によると、この先数十年のあいだに、世界人口の八〇パーセントが都市部で生活することになるという。さらに、〈農村部〉として残るあと二〇パーセントも都市の経済やテクノロジーと無縁では生きられないということもつけくわえておかねばならない。実際、都市と自然の区別は深い変化をこうむることになり、〈自然をとどめた〉土地にしても、その大部分が、観光や余暇、セカンド・ハウス、エコロジー的保護、分散的な情報通信活動といったもののための整備プログラムに従属することになるだろう。したがって自然といっても、それは都市と同じほどの手入れの対象となることは必定である。もっと一般的にいうなら、生命圏にのしかかっている脅威、世界的な人口増加、労働の国際的な分業といったものによって、都市の世論は都市固有の問題を地球的エコロジーの立場に立って考えていく方向に向かっていくだろう。しかし、このような都市の覇権は、はたして必然的に同質化、統合化、主体性の不毛化といったものに結びつくことになるだろうか。都市の覇権は、今日、ナショナリズムや部族主義、宗教的原理主義といった病的な表現しか見いだしえていない特異化や再領土化の衝動と、将来においてどのように折り合うことができるだろうか。

太古の昔から、大都市はその近隣地域、異民族、ノマド的民族など（ローマ帝国の場合その版図の内側と外側）に対して権力をふるった。しかし、そういった時代においては、都市文明と非都市世界との区別は一般にきわめて明瞭で、宗教的・政治的な性格の対立の色彩をおびていた。

たとえばオギュスタン・ベルクは、日本の伝統的な都市社会が、一方で〈奥深い森やそこにまつわる幻想〉から、他方で〈海の向こうの出来事〉から遠ざかっていく傾向を持っていたことを鋭く分析している。(2) しかし時代はたしかに変わった。日本人は世界のすみずみに経済や文化を伝播しているだけでなく、日本人の登山家は毎年ヒマラヤに登頂する数が世界中で最も多いのである。

十六世紀以降、資本主義の集合的装備の国家的規模における形成や都市化の過程が出現するのにともなって、さまざまなタイプの都市がいたるところに増殖していったのに対して、いまや都市相互の相違はあいまいになっていく傾向にある。たとえば、フェルナン・ブローデルはスペインの都市の多様性を研究している。(3) グラナダやマドリッドは官僚の都市であった。トレドやブルゴス、セビリアもそうであったが、これらの都市は同時に年金生活者や職人の都市でもあった。コルドバやセゴビアは工業都市かつ資本家の都市であったのに対して、クエンカは工業都市かつ職人都市であった。サラマンカやフェレス(デ・ラ・フロンテラ)は農業都市、グアダラハラは教会都市であった。さらに軍事都市、〈羊肉業者〉の都市、田舎の都市、臨海都市、研究都市といったものもある。結局、こういった多様な都市を同一の資本主義的集合体のなかで全体的に把握する唯一の方法は、これらの諸都市のそれぞれを集合的装備の国家的ネットワークの構成要素と見なすということである。

ところで今日、こうした物質的・非物質的装備のネットワークは、もっとはるかに広大な規模において編み上げられている。そして、このネットワークは地球的広がりを持てば持つほどいっそう〈デジタル化〉され、企画化され、画一化されている。このような状態は経済的・文化的な支配力を獲得していった（フェルナン・ブローデルの言う）世界－都市以来の長い道程の帰結である。十四世紀半ばのヴェネツィア、十六世紀半ばのアントワープ、十八世紀初頭のアムステルダム、十八世紀末からのロンドンなどが、そうした世界－都市の例として挙げられる。ブローデルによれば、資本主義市場はしかし、剰余価値の大部分を集積しうる経済的鍵をにぎっている都市中枢部を起点にして同心円的に拡大し、剰余価値は周辺部に向かうにしたがってゼロに近づき、交換の停止したところで価格は最大値に達する。しかし、資本主義権力が単一の世界－都市に集中するといった状態は、二十世紀の三分の一を残すあたりから深い変容をこうむるところとなった。つまり局地化されたひとつの中心ではなく、〈都市の群島〉のヘゲモニーが主役として登場してきたのである。したがって、〈統合された世界資本主義〉の新たな相貌をまとった世界－都市は深いところから脱領土化され、その多様な構成要素は地球の全表面をおおう多極的な都市のリゾームのなかに分散するところとなったのである。

このような地球的規模における資本主義権力のネットワーク化によって、都市のコミュニケーション施設やそれを管理する者のメンタリティーが同質化される一方、都市の居住地帯において地区間の生活水準の格差が激化することにもなった。いまや、不平等は必ずしも中心と周辺の間に生じるのではなくて、テクノロジー的・情報通信的に先端装備をそなえた都市の核を構成する地区、中産階級の平凡な居住地区、貧困が剝き出しになっている地区といったような区分からなる複合状態が都市のなかに生じたのである。たとえばリオデジャネイロでは、金持ちの住む富裕な地区と極貧のスラム街（ファベーラ）がたった数十メートルの距離で接していることを考えてみたらいい。あるいはマンハッタンの先端の国際金融の中心地がハーレムやサウス・ブロンクスの都市貧困地区と隣接していることを思い出してみたらいいだろう。しかも、そのあたりの街路や公園には何万人もの〈ホームレス〉が寝起きしてもいるのである。十九世紀までは、貧乏人が居住建物の最上階に住み、他の階は金持ちの家族が住むといった現象がまだ見られた。しかし、いまでは逆に、東京のど真ん中にある山谷、大阪の釜ヶ崎、あるいはパリのみじめな郊外などに見られるように、社会的差別がゲットーのような隔離空間を生み出している。第三世界のいくつかの国は強制収容所のような趣きを呈しつつある。境界線から外に出ることを禁じられた民衆の居住指定地帯のようなものが形成されているのである。しかし資本主義的表象は、テレビやガジェット、麻薬などを介して、第三世界の巨大なスラム街のなかにまでも浸透する。こうして主人と奴隷、富者と貧者、持てる者と持たざる者は、歴然と目に見えるかたちで都市空間のなかに組み込まれ、同時に権力と疎外された主体性を複合的に構成していくのである。結局、現在の都市の資本主義的脱領土化はひとつの過渡的段階を表しているにすぎないのであって、それは富者／

貧者という差別関係の再領土化を基盤として打ち立てられているのである。したがってわれわれとしては、中世におけるような自らの内部に自閉した都市に回帰することを夢想するのではなくて、逆に、都市を新たな価値化の世界に引き寄せていくさらなる脱領土化に向かわねばならないということである。差別や分離に向かわない主体性、しかし再特異化された主体性の生産を、都市の根本的な目標として定めること。要するに、ひとえに利潤のみに方向づけられた資本主義的価値化のヘゲモニーから解放された新しい主体性の生産をめざすということである。ただしこのことは、必ずしも市場システムによる調節をすべて放棄しなければならないということを意味するものではない。

極貧状態は富裕な社会がいやがおうでもこうむらざるをえない単なる残存物として存続しているのではない。貧困は資本主義システムによって〈望まれている〉のである。資本主義システムは集合的な労働力を発動するためのテコとして貧困を利用しているのだ。個人は都市の規律や賃金生活の要請、あるいは資本の収入のための要請といったものに従わざるをえない。そうしなければ、貧困か生活保護、場合によっては犯罪の淵に沈むことにもなる。したがって資本主義によって支配された集合的主体性は、富裕／貧困、自律／保護、統合／崩壊といった二極構造を持った価値の磁場に組み込まれている。しかし、このような覇権的な価値化のシステムしかありえないのだろうか。このようなシステムが、社会体が一貫性を保つために必要不可欠の定理なのだろうか。別の価値化の様式（連帯の価値、美的価値、エコロジー的価値といった）を解き放つことはできないのだろうか。エコゾフィーが作動するのは、まさにこうした別の価値化の展開においてにほかならない。過酷な貧困や悲惨の脅威をもたらすような動機とは別の動機が登場して、労働の分業や個人の率先的参加を社会的に認知された活動として促進するようにしなければならない。こうした社会的実践のエコゾフィー的再構築は、個人的関係、家族的関係、近隣との関係といった日常的な次元から、地球規模の地政学的・エコロジー的課題にいたるまで、多元的に行なわれなくてはならない、それは民間と公共、倫理と政治の分離を再審に付すことになるだろう。それは言表行為、協議、実行といったものの集合的な動的編成の再定義をうながすだろう。それは六〇年代のカウンターカルチャーの願望であった〈生を変えること〉に通じるだけでなく、都市計画、教育、精神医療などのあり方を変え、さらには政治の仕方や国際関係の運営の仕方をも変えていくことになるだろう。したがって、もはや〈自然発生主義的〉な考えや単純な自主管理に戻ることはできなくなるだろう。これは社会と生産の複雑な組織を、精神的エコロジーとまったく新しいタイプの個人横断的諸関係とによってすみずみまで把握するという作業である。

このような脈絡のなかにおいて、都市化の未来は、次のようなしばしば矛盾をはらんだ多様な特徴をおびることになると思われる。

［1］巨大化の昂進
これは内的・外的なコミュニケーションの拡大・深化をもたらし、したがってすでに許容限度を超えている公害の増大をも意味する。
［2］コミュニケーションの固有空間の縮小（ポール・ヴィリリオが〈ドゥロモスフェール[4]〉と呼ぶもの）
これは輸送速度の加速化と情報通信手段の強化によってもたらされる。
［3］地球規模における不平等の昂進
これは富める国々の都市部と第三世界諸国の都市部で生じ、都市のなかにおける富裕な地区と貧しい地区との開きが増大する。その結果、人間の生命や財産の安全上の問題が激化し、大都市の周辺部に統制のききにくい地帯が形成される。
［4］二重の動きの発生
（a）人々が国家的空間に滞留し、国境や空港で密入国の摘発や移民に対する入国制限が強化される。
（b）（a）とは逆に、都市部においてはノマド的移動が盛んになる。
（I）働く場所と住む場所が離れているために生じる日常的ノマディスム。これはたとえば東京のように土地投機によってますます強化される傾向にある。

（Ⅱ）労働のノマディスム。たとえばアルザスとドイツのあいだ、あるいはロサンゼルスとサンディエゴとメキシコとのあいだ、といったような場所で起きる。

（Ⅲ）第三世界や東側の諸国から富める国への人口移動をうながすノマディスム的圧力。

ここでノマディスム的と形容したこれらの動きは、将来コントロールするのがますます難しくなり、民族的摩擦や人種差別、外国人排斥などの原因になるだろう。

［5］〈部族化〉した都市住民の部分集合の形成

これはもっと正確に言うなら、外国出身の住民の場合に集中的に現れる現象である（たとえばアメリカ合衆国を例にとるなら、黒人居住区、中国人居住区、プエルトリコ人居住区、チカーノ居住区といったような）。数年後には人口が三千万人に達し、公害と人口過密の記録をぬりかえることになるであろうメキシコシティーのような都市が増えているが、そういった都市は乗り越えがたい障害にぶつかっているように思われる。たとえば日本では、富裕な都市はその形状を再整備するために膨大な手段を動員しようとしている。しかしこういった問題に対処するためには、都市化と経済といった枠組みだけで考えていたのでは駄目なことは明白であり、それ以外に、社会－経済的、エコロジー的、倫理的な角度から取り組まなくてはならないのである。

都市は巨大な機械、ルイス・マンフォードの言い方を用いるなら〈メガマシーン〉になった(5)。

それは集合的装置（教育、健康、社会統制、文化等々）とマスメディアを介して個人的・集合的な主体性を生産するのである。都市においては、物質的下部構造、コミュニケーション、サービスといったアスペクトと、実存的と形容することができるそれらの機能とを切り離して考えることはできない。人々の感性、知性、相互の関係スタイルから無意識の幻想にいたるまで、すべてがこのメガマシーンによってモデル化されるのである。そうであるがゆえに、都市計画家、建築家のみならず、社会科学や人文科学、エコロジー科学といったさまざまな領域のあいだに、横断的な結合を打ち立てることが重要なのである。しかしながら、この二十世紀末に浮かび上がってきた都市をめぐるドラマは、地球上における人間の生活の未来を問題に付すもっと根底的な危機の一様相にすぎない。生産の手段とりわけ生産の目的の根本的な方向転換が行なわれなければ生命圏全体が均衡を失い、人間生活——もっと一般的にいうなら、いっさいの動物や植物の生存形態——と全面的に両立不可能な状態に向かって突き進んでいくだろう。この方向転換は、工業化の見直し、とりわけ化学産業とエネルギー産業の修正、自動車の制限あるいは非公害的な交通手段の考案、大々的な森林伐採の停止等々といったものの実現に早急に向かうことを迫られている。要するに、いってみれば、個人間、企業間、国家間の経済競争の精神そのものが問題に付されなくてはならないのである。

現在、エコロジー問題に対する自覚はまだ少数世論にしか達していない。危機がはっきりしてくるにつれて、大メディアがこの問題に関心を寄せ始めてはいるが、まだそれほどの影響力を持ちえていない。したがって、この問題の全貌を把握して、政治的・経済的な決定力を引き込むことができるような集合的意志の作動からはほど遠い現状にある。これはいわば、人間の集合的意識、人類の延命本能、人間世界の破局と終末といったもののあいだの、数十年後を最終期限とした一種の速度競争のようなものである。こうしたパースペクティブはわれわれの時代を不安なものにさせると同時に情熱をかきたてるものにもさせる。なぜなら、そこでは倫理－政治的なファクターが、これまでの歴史において決して持ちえなかったような力を発揮することができるようにもなるからである。

来たるべきエコロジー的意識は、空気の汚染、地球温暖化による悪影響、多数の生物の消滅といったような環境ファクターに取り組むことだけで満足してはなるまい。社会的領域や精神的領域におけるエコロジー的荒廃にも関心を向けなければならないだろう。集合的なメンタリティーや習慣を変えなければ、物質的環境に関わる〈回復〉の措置しか取れないだろう(6)。

現在国際関係を取り仕切っている異常なシステムのせいで、南側諸国がこのような荒廃の主たる犠牲者になっている。たとえば、南側諸国の大半で生じている人口爆発を抑制することは、経済的停滞からの脱出への努力、利潤追求のみに一方的に傾いた成長の目標に取って代わる調和の取れた発展の推進といったものと、深く結びついている。富める国にとって、こうした方向から経済的に得るものはあまりないのだが、そうしなくては危機が深まるだろう。富める国はその指導者たちが引きずり込もうとしている深淵にどのようにして気づくことができるだろうか。破局に対する恐れ、世界の終末への恐怖といったものは、必ずしも最良の助言者として機能しないだろう。五十年前、ドイツ、イタリア、日本で起きたファシズムの自滅的イデオロギーへの大衆ののめり込み方を参照してみれば、今後場合によっては、一種の集合的な死の眩暈のなかで破局が破局を呼ぶことになることは想像に難くない。

したがって、エコゾフィーの建設的な諸価値の周囲に結晶する新しい進歩的な機軸は、精神的貧困や感覚の麻痺――これが資本主義の城塞のなかで根こぎにされ見捨てられた人々の主体性にしだいに浸透している――を修復することを最優先の課題と見なさねばならない。ここで、ヨーロッパやアメリカ合衆国で広がっている孤独感や遺棄されたという感覚、あるいは生きていることの空虚感といったものを描き出しておかねばならないだろう。幾百万にものぼる失業者や生活保護を受けている者は、画一化された物質的財や文化的財の生産を唯一の目的とする社会のなかで、絶望的な生活を送っている。もちろん、そういった類いの財の生産は人間の潜在的能力の開化や発展を可能にするものではない。いまや、都市は空間という観点から定義するだけで済ますことはできない。都市という現象の性質は変化した。それは単なるひとつの問題ではない。都市問題は第一に重要な問題であり、経済的、社会的、イデオロギー的、文化的な諸問題の交差点に位置しているのである。都市は人類の運命の鍵をにぎっていて、人間生活の向上のみならず差別をも生産する。都市はまた、そこを支配するエリートを形成し、あらゆる領域における社会的刷新や創造的未来を構想する場所でもある。こうした都市をめぐる諸問題の大きさは往々にして忘れられがちである。政治家は一般にこれらの問題を専門家にゆだねようとする。しかし近年、この点で注目すべきある傾向が見られる。たとえばフランスでは、右派と左派の双方にエコロジストがかける圧力によって、地方都市の次元における政治活動の重要性が増しつつある。国民議会の議論はパリ以外の大都市や地方における政治的争点に比べて二義的な位置に移行しつつある。首都に集中している政治的首脳部に対する地方都市の市長を兼ねた代議士たち［フランスではこの両職は兼任可能］の反乱が潜在的に始まってもいる。こうしたことはまだ微々たる変化でしかないが、いずれは政治活動全体をもっとはるかに深いところから激変させることになるかもしれない。

未来における都市の変容の重要な原動力のひとつは新しいテクノロジーの発明にもかかっている。とくに、視聴覚設備、情報処理、情報通信といったものの結合の与える影響である。近い将来、そこから期待できそうなものをいくつかざっと列挙しておこう。

［1］遠くにいるさまざまな相手と遠隔コミュニケーション装置で結びつき、多様な仕事を自宅にいながらにして遂行できる可能性。

［2］人間の声を含む音と像の接合的な伝達装置（視覚音声機）が発達して、遠隔地からのサービス活動が単純化されるとともに、データバンクの利用が容易になって、図書館、古文書館、情報サービス機関などに取って代わるようになる。

［3］電話やケーブルによる有線テレビ放送システムの普及によって、余暇、教育、技術の習得、インフォメーション、買い物といったさまざまな領域に関わる多くの番組にアクセスできるようになる。

［4］移動中の人間と（その人がどこにいようとも）ただちにコンタクトすることが可能になる。

［5］公害をもたらさない新しい交通機関が開発され、公共輸送と個人輸送のメリットを結合するようになる（個人輸送と統合した輸送隊、高速度の移動式カーペット、専用路線を走るプログラム化された小さな乗り物など）。

［6］輸送のための場所と歩行者のための場所が明瞭に分離される。

［7］商品の新しい輸送手段（気送管、宅配用のプログラム化された輸送ベルトといったような）の開発。(7)

［以上の記述について、ガタリがこのテクストを書いた時点には、インターネットや携帯電話がまだ普及していなかったことに留意されたい。］

新素材について言うなら、これを使えば未来の建造物は、都市において、さらに大胆なデザイン、大胆な構造を実現することができるだろう。もちろん汚染や公害に抗する闘い（水や廃棄物の処理の仕方、食物や洗剤などに含まれる有害成分の除去など）と密接に結びつけながら。

次に、新たなエコゾフィー的実践を通した主体性の生産の手段としての都市に力点をおいて、都市をそのような方向に導くことができるファクターを取り出してみることにしよう。

［1］〈情報処理、情報通信、ロボット工学、バイオテクノロジーの革命〉は、物質的ならびに非物質的な財の生産に関わるすべての形態に多様な変化をもたらすだろう。しかしこの生産は、ジャック・ロバンの本（『時代を変える』[8]）が見事に証明しているように、仕事量の増大をともなうものではない。そうすると、自由に使える時間や自由な活動を行なうゆとりが大きくなるということである。しかしそういう余裕を何のために使うかが問題である。フランス政府が考えたような〈取るに足らない仕事〉をするために使うのか？　それとも連帯や相互扶助、近所づきあいなどの新たな社会関係の構築のための活動、環境保護のための新たな活動、テレビを見るよりも能動的で創造的な新たな文化概念の創出のための活動といったもののために使うのか？

［2］〈この第一のファクター〉は今後数十年にわたって地球的規模で――とくに貧しい国々で――維持されると思われる顕著な人口増加の結果によって〈強化される〉だろう。つまりこの人

口増加は、経済的・文化的な領域で〈何か大きな変化が起きる〉国々と、援助をあてにするしかない荒廃した何もない国々とのあいだの矛盾を激化させるだけであろうということだ。ここでもまた、資本主義、植民地主義、帝国主義によって破壊された社会形態の再構築の問題が鋭く提起されることになる。その場合、協業の形態を刷新することが第一に重要な仕事になるだろう。

［3］逆に、発展した諸国（北アメリカ、ヨーロッパ、オーストラリアなど）では、人口の落ち込みが見られる。たとえばフランスでは、出生率は現在、一九五〇年と比べて三〇パーセント減少している。この人口減少は伝統的な家族構造の解体（結婚の減少、非婚同棲の増加、離婚の増加、両親を中心にした家族的連帯関係の漸進的消滅など）と並行した現象である。ところで、こうした個人や核家族の孤立にともなって、新しい社会関係がそれを埋め合わせるかたちで登場したわけではない。近所づきあいや、連帯的、組合的、宗教的な生活は一般に停滞、衰弱し、あえていうなら、その埋め合わせとして登場したのが、マスメディアを幼児的に受け身的に消費するという生活である。家族的なものの名残りはむしろ退嬰的で摩擦の起きやすい溜まり場のようなものになった。他方、発展した社会において家族のなかにまで根を下ろした〈新たな個人主義〉は社会解放と同義語ではない。こうした状況のなかでは、建築家、都市計画家、社会学者、心理学者は、諸個人の再社会化、社会組織の再発明といったものがどうあるべきかを考えなければならないだろう。その場合もちろん、昔ながらの家族構造や、旧来の同業組合的諸関係などの再構

成に逆戻りしてはなるまい。[9]

［4］〈情報テクノロジーの飛躍的発展や遠距離間受注配達システム〉は、都市と都市の間、あるいは同じ都市のなかの地区と地区の間に存在する上下関係に、いままでとは違った仕方で対応することを可能にするだろう。たとえば現在、フランス全土に施設がある大企業や中小企業の指導部局の八〇パーセントがパリに集中している。それに対して、たとえばフランス第二の都市リヨンが決定権を持っている割合はたった三パーセントにすぎず、それ以外の都市にいたっては二パーセントの決定権も有していない。新しい情報通信技術によって、こうした行きすぎた中央集権主義の修正が可能になるだろう。同様に、地方の民主義的生活に関わるすべての領域において、情報通信技術を使った新しいかたちの協議の仕方が可能になるかもしれない。

［5］〈文化や教育の領域〉において、有線放送システム、データバンク、シネマテークなどへの大衆的アクセスによって、とくに制度的次元における創造性が飛躍的に拡大する可能性がある。

しかしこれらの未来展望はすべて、正真正銘の社会的実験によって導かれないかぎり意味を持たないものであろう。現在のマスメディアにおいて生じているような、還元主義や画一主義によって〈主体的都市〉を貧弱にする方向ではなくて、個人的・集合的な主体性が豊富化するような方向に向かうべきだということである。[10] そのためにも、新しい都市づくりや旧市街の刷新、あるいは〈荒廃した産業地域〉の再転換などをはかるときに、そうした大きな社会的実験に関わる契約を社会科学の研究者たちと交わすだけでなくて、将来その街や建物に住むことになる住民や利用者とも契約を交わしながら計画を進めることを私は提唱したい。家庭生活や近所づきあい、教育、文化、スポーツ、子どもの世話、老齢者や病人の介護といったものの新たな様式を具体的に検討するためである。

実際、生活を変え、新たな活動スタイルや新たな社会的価値をつくりだす手段は、もうわれわれの手の届くところにある。欠けているのはそうした変化を引き受けようという政治的な欲望と意志だけである。この新しい実践は近代の機械によって解放された自由時間の使い方、子どもや女性、老人などとの新たな関係の持ち方、文化横断的な諸関係のつくり方などと深く関わっている。このような変化に向かうには、まずもって現在の状態を変えることが必要であること、そしてそれは可能であるということ、このこと以上に急を要することはないという自覚を持つことである。人間の住まい方の新たな実験は人々の自由と競い合いの雰囲気のなかでこそ可能になるのであり、法律やテクノクラートの通達によって可能になるのではない。また、このような都市生活の再構成は地球的規模における労働の分業のなかで行なわれるべきであり、とりわけ第三世界の国々が単なる援助の対象としてのゲットーのような扱いを受けてはならないということも付言しておきたい。さらにいうなら、旧来の国際的な対立関係が消滅し、それにともなって軍縮の波が生じることも必要とされるであろう。そうなれば、新たな都市づくりの実験のために巨額の資金を投じることも可能になるのである。

次に、私がとくに強調したいと思うのは女性解放の問題である。社会的民主主義の再発明は、女性があらゆる次元で責任を引き受ける位置に立つことがないかぎり困難であろう[11]。男を競争的価値システム、女を受動的立場に置くような、男性と女性のあいだの心理的・社会的不均衡が教育やメディアによって激化させられているが、これは空間を実存的な充足感の場として捉えることができない、いわば空間との関係の認識不足に由来するものである。〈新しい優しさ〉、他者の相違や特異性に耳を傾ける新しい態度といったものも発明の対象である。われわれは、人々のものの見方や考え方の変化に通じるであろうこうした〈分子革命〉を企てる前に、グローバルな政治革命を期待すべきなのであろうか？　われわれはここで二重にからまった円環を前にしている。われわれは、一方で、社会、政治、経済は人々のものの見方や考え方の変化がなければ進展することができず、他方では人々のものの見方や考え方は社会全体に変化が生じないかぎり変わることがない、という状況に直面している。われわれが提唱する大規模な社会的実験は、このような矛盾から脱出するための一手段となるだろう。

新しい住まい方の実験が成功すれば、広範な変化への意志に大きな影響を与えることができるだろう（それはたとえば教育の領域でセレスタン・フレネが〈率先して〉行なった実験で証明されていることであり、フレネの実験は学級空間というもののあり方を完全に一新したのである）［セレスタン・フレネ（一八九六〜一九六六）はフランスの教育家、南フランスのヴァンスで生徒たちの自主性を重んじる自由な学級運営を実践し、教育改革に大きな影響を与えた］。都市づくりは本質的にきわめて複雑なものであり、その複雑さに見合った方法でアプローチすることが要求される。社会的実験はカオス理論におけるプロセスの物理学に類比しうる〈奇妙な牽引力〉のようなものを必要とする。[12]〈変動する〉客観的秩序はわれわれの住む都市の現在のカオスから生まれるのだが、新しい詩や新しい生き方もまたそこから生まれるのである。この〈カオスの理論〉は状況をその特異性においてつかみ取ることを要請する。つまり状況の絶えざる再特異化のプロセスと時間の不可逆性のなかに入っていくということである。[13]さらには、現実のなかにおいてだけでなく、現実が誘発する分岐にしたがって可能なるものの方向に向かって建設するということである。幾世代にもわたる人々が現在とは異なった仕方で感じ、考え、生きるようになる方向に導く潜在的な変動に与しながら建設するということであり、その場合、とりわけわれわれの世代が知ったテクノロジー的次元における巨大な変化を考慮に入れることを忘れてはならないだろう。未来に予測される制度的・機能的な変動を念頭に置きながら、プログラム化された既成の空間を変えていくことが求められているのである。

この点からして、建築や都市計画のエコゾフィー的な再転換が決定的な意味を持つことになるだろう。建築や都市計画の近代主義的な目標は長いあいだ一定の〈必要不可欠の基本的必要〉を元にした規格化された居住形態であった。私はここで一九三三年に〈アテネ憲章〉なるものがつくったドグマを想起する。それはＣＩＡＭ（近代建築国際会議）が行なった仕事を集大成したものであるが、十年後にル・コルビュジエがそれに注釈を加え、その後数世代にわたって都市計画家の理論的信条になったものである。この普遍主義的近代主義のパースペクティブは決定的に過去のものになった。いまや建築家や都市計画家は、多義的・多声的な芸術家にならねばならないのであり、普遍的とは言えない人間的・社会的なマチエールを使って、ますます変化の速度を増している個人的・集合的なプロジェクトを遂行しなければならない。そしてそのようなプロジェクトの特異性――審美的なレベルも含有した――が、制度論的分析の過程や無意識的な主体形成の探索をも発動させるような真に創造と呼べる仕方で日の目をみなければならない。[14]

こういった条件下では、建築の設計や都市計画は動的・弁証法的に捉えなくてはならない。それらは主体性の生産のための多次元的な地図作成法になることを要請されているのである。集団的な希求はこれからもますます急速に変化し続けるだろう。こうした新しい主体性の生産が人間の活動の第一目標になり、それにふさわしいテクノロジーが開発されねばならない。したがってこのような方向転換は専門家だけの仕事ではなくて、〈主体的都市〉のすべての構成要素の動員を必要とするのである。

現代的な脱領土化の野生的ノマディスムは、出現しつつある主体性を〈横断的〉に理解し、さまざまな特異点（たとえば土地や環境の特殊な形状、子どもあるいは身体障害者や精神障害者から見た空間といったような特別な実存的次元）と潜在的な機能的変化（たとえば教育の刷新）とを節合しようとするところに成り立つ。そのようにしてはじめて、創造者の個人的・集合的個性をすぐさま認識させるようなスタイルやインスピレーションが生まれるのである。建築や都市計画の複雑性は、設計やプログラム化のテクノロジーのなかにその弁証法的な表現を見いだす。このテクノロジーはコンピュータを援用したものであるが、それ自体のなかに自閉するものではなくて、言表行為の動的編成全体に節合されるものでなくてはならない。建物や都市は単なる対象ではなく主体的な機能を担った対象であり、いわば部分的な〈主体－対象〉として存在しているのである。都市空間がわれわれに提示するこうした部分的主体化の機能は、不確実な不動産市場やテクノクラートの恣意的なプログラム化、あるいは消費者の月並みな嗜好などにゆだねられてはならないものであろう。

こうしたすべてのファクターを考慮に入れたうえで、これらのファクターを相互に関連しあうものにしなくてはならない。これらのファクターは建築家や都市計画家の介入を通して混成され〈解釈〉されなければならない。それはオーケストラの指揮者が音楽という〈系統流《フィロム》〉を絶えず刷新的に活性化するのと同じことである。この部分的主体化は、一方で過去に密着し、文化的記憶の甦りや人々に安心感を与える雰囲気などと容易に縁を切れないものであるが、他方でそれは突然の変化や革新にも通じる――そのために事態を不安定にすることもあるが――ものでもある。こうした切断や特異化は通常の合意形成主義的な民主主義的手続きでは保証されえない。それが保証されるためには、空間の創造者としての芸術家と集合的主体性とのあいだに特異性の転移が生じる必要があるだろう。建築家と都市計画家は、一方でテクノクラートや財政担当者に牛耳られた無秩序な都市計画のカオス的なノマディスム、他方でダイアグラム的な計画の展開を通して現れる自らに固有のエコゾフィー的なノマディスムという二つの流れのあいだに身を置くことになる。

しかしながら、このような個人的創造性と多様な物質的・社会的拘束との相互作用のなかからこそ、真に創造の名に値するものが生まれてくるのである。建築的対象あるいは都市計画的対象といったものが、それらに固有の言表行為の主体として一貫性を獲得するためには、あるリミットの踏み越えがなされなくてはならない。ある境界線が踏み越えられたときそれは生き始めるのであり、そうでなければそれは死滅するしかないのである。

建築家や都市計画家はきわめて複雑な位置に身を置いている。しかし彼らが審美的・倫理的・政治的な責任をわが身に引き受けようとした瞬間から、その位置は心をときめかすような魅力的なものになる。彼らは一方で民主主義的都市のコンセンサスのなかに身を沈めながら、他方でその企図と設計によって主体的都市に向かっての決定的な分岐を導いていくこともできるのである。人類が彼らの協力によって都市の生成を再発明することができるか、あるいは今日歴史が直面している異例の困難を前にして、人類が何もできないまま自らの無力の重さに組み敷かれて滅び去るか、このいずれかであろう。

原注

（1）Daniel Stern, *The Interpersonal World of the Infant* (New York: Basic Books, 1985).〔『乳児の対人世界』理論編（神庭靖子他訳）、臨床編（小此木啓吾他訳）、岩崎学術出版社〕

（2）Augustin Berque, *Vivre l'espace au Japon* (Paris: P.U.F., 1982).〔『空間の日本文化』宮原信訳、ちくま学芸文庫〕

（3）Fernand Braudel, *La méditerranée et le monde méditerranéen* (Paris: Armand Colin, 1966).〔『地中海世界』神沢栄三訳、みすず書房〕

（4）Paul Virilio, *Vitesse et politique* (Paris: Galilée, 1977).〔『速度と政治——地政学から時政学へ』市田良彦訳、平凡社ライブラリー〕

（5）Lewis Mumford, *La cité à travers l'histoire*, trans. Guy Durand and Gérard Durand (Paris: Seuil, 1961).〔『都市の文化』生田勉訳、鹿島出版会〕

（6）この点についてガタリは以下のように注釈している〔ジェノスコがガタリの講演原

稿のオリジナルに付されていた注釈に依拠して付けた英語版注〕。

〈日本ではおそらくこの点についてあまり気にかけてはいないでしょう。日本のテクノロジー革命は生活や思考においてある種の保守主義を伴っていると思われるからです。しかしながら日本においても多くの心理的・社会的な問題が存在しています。たとえば次のような。

#女性問題

#社会的マイノリティーの問題（被差別部落民やアイヌの人々）

#学校システムにおいて子どもが置かれている状態の問題

#高齢者の問題

　ともあれ、こうした問題は場所を問わずどこにでも存在しており、その深刻さは深まっていくと考えなくてはなりません。それに加えて、孤独感、除け者扱いされているという感覚、実存的空虚感といったものがヨーロッパやアメリカで拡散しています。多くの失業者や社会的支援を必要とする人々が希望なき状態に置かれ、商品の生産や規格化された文化の生産だけを目的とする社会に取り囲まれています。こういったものは人間の潜在力の開化や発展を生み出すものではありません。もう一度繰り返しますが、人々が社会と精神を再建しようとしないかぎり、生命圏との健全な関係を再建することはできないと思います。〉

（7）Joël de Rosnay, *Les rendez-vous du future* (Paris: Fayard, 1991).

（8）Jacques Robin, *Changer d'ère* (Paris, Seuil, 1989). ガタリとロバンの討論については以下を参照。〈Révolution informationnelle, écologie et recomposition subjective〉, *Multitudes* 24 (Printemps

2006).

（9）Louis Roussel,〈L'avenir de la famille〉, in *La recherches* 14 (Octobre 1989), pp.1248-1253.

（10）これについてガタリは以下のように注釈している（ジェノスコ）。

〈ペレストロイカという興味深い実験が現在ソ連で行なわれています。これは政治家の狭量や官僚主義によって長い間阻止されていたことです。この実験は、ヴィクトル・ティスチェンコの主導のもとに科学アカデミーによって創設された〈地域研究センター〉によってコーディネイトされています。このグループの活動は協同組織をつくってモスクワやレニングラード［サンクトペテルブルク］その他の諸都市で、国営のアパートよりも住みやすいアパートを建設しています。一九八七年彼らはボリス・エリツィンの要請を受けて、モスクワ市をもっと社会化された都市にする計画に乗り出しました。さまざまな社会階層から一五〇人くらいの人々が集まって都市計画の新たな方法論をつくりだそうとしたのです。こうした〈ロールプレーイング〉の目的は、序列システムによる支配関係を排して交渉と連携による多様なパートナーの接続が可能であることを誰もが理解できるようにすることなのです。〉

（11）この点についてガタリは以下のように注釈している（ジェノスコ）。〈私はこの問題について日本の世論が目覚めつつあることにエールを送りたい。〉

（12）James Gleick, *La théorie du chaos* (Paris: Albin Michel, 1989).

（13）Ilya Prigogine and Isabelle Stengers, *Entre le temps et l'éternité* (Paris: Fayard, 1988).

（14）これについてガタリは以下のように注釈している（ジェノスコ）。

〈多くの日本の若い建築家が退廃的な〃ポストモダニズム〃の方向に向かわずに、むしろ私が〝再特異化〟と呼ぶ方向に向かっていることはうれしいことです。建築家や都市計画家の仕事には、自由で創造的な協同作業が本質的な役割を果たすのです。このファクターは今日、高松伸、伊東豊雄あるいは〝象設計集団〟のようなグループの仕事において見事に表現されています。念のために付言すれば、これは審美的口実を優先して社会ヴィジョンを抑制するといった折衷主義的技法を意味するわけではありません。〉

［このテクストは一九八九年名古屋で開催された「都市デザインセミナー」に招かれたガタリの講演録で、その後雑誌『シメール』一七号（一九九二年秋号）に掲載されたものである。拙編訳書『〈横断性〉から〈カオスモーズ〉へ――フェリックス・ガタリの思想圏』（大村書店、二〇〇一年）に邦訳を収録したが、本書に収録するにあたって英訳を参照しつつ若干の改訳を行なったことをおことわりしておきたい。］

II　ガタリにとって日本とは何か

情動的転移と日本の現代アート

ギャリー・ジェノスコ

この論考はガタリ最後の著作『カオスモーズ』における情動的転移という概念について、ガタリが70年代末に著した『機械状無意識』——これはガタリにとって『千のプラトー』の準備作業にあたる——およびガタリの思想を機能的かつ図表的に展開し、彼の精神分析家としての思想を体系的かつ理論的にもっとも洗練された仕方で展開した『分裂分析的地図作成法』——『カオスモーズ』はこの著作にもとづき、その内容を一般読者にわかりやすく表現したものである——を中心に取り上げ、考察することを目的としている。そのため、最初にガタリがどのように現象学的精神医学に由来する「情動 pathic」概念を批判的に評価し、それを鍵概念として展開したのかを説明することから始めたい。

ここで私の関心は、ヴィクトール・フォン・ヴァイツゼッカー［一八八六—一九五七　ドイツの生理学者、心身相関論と「ゲシュタルトクライス」概念で知られ、医療人類学の先駆者とみなされている］の情動的生気pathic vitality の理論がもつガタリ思想における重要性を検討することにある。その意味で私は、ピーター・パル・ペルバート［ブラジルの哲学者］が切り開いた思考の道筋に従っている。すなわち情動の次元は、いわば生きられた経験の次元であり、それは自己形成的で自己動因的なガタリ的主体、つまり「存在論的決定ではなく〈存在化 existensifyng〉の様態を生きる」[1]主体と深く結びついている、という観点である。ペルバートはそのような洞察にもとづいて、ヴァイツゼッカーによる情動と存在論的決定のあいだの根本的な区別を導入し、その二項対立を軸にガタリの思想的転回を読み解こうとした。手短に言えば、私がここで試みたいのは、この思考の道筋において、そこから逸脱しているにもかかわらず重要な、いまだ探索されていない小道を地図上に描き出すことである。

さらにこの論考は、いま述べたガタリの情動概念を検討したうえで、現代日本の芸術家――舞踏家の田中泯、画家の草間彌生と今井俊満、建築家の高松伸にたいするガタリの関心の所在を理解することを目的としている。

言説は敵ではない

ガタリの分裂分析的地図作成法は、四つの存在論的機能から成り立っている。それら機能のもっとも大きな区分は、言説的な領域（表現の平面における現働化を含む）と非言説的な領域（内容平面における潜在化）のあいだに引かれる。前者は言説的機能と結びついた「流れ（F）」と「機械状の門《フィロム》（Φ）」に分けられる。この二つはいずれも機械的・論理的な命題やコンピュータのプログラムコードのような表現の源泉であり起源である。重要なのは、ここで述べた機械的命題は、構造主義的な解釈の言説座標（そこでは二項的価値を与える軸や差異的・対立的関係が前提とされている）と安易に結びつけることができないということである。というのもガタリにとって機械は、構造を逃れるものだからである。他方、非言説的な領域に属するのが実存的領土（T）と非物質的宇宙（U）である。そして情動は明らかに非言説的なものである。世界内存在の情動的理解はほんらい言説的ではないが、言説的であることが避けられない（というのも世界内存在は時間‐空間的な位置をもたず、またそのようなものとして記述されることもないから）。つまり、それは究極的にあるいは永遠的に言説的なのではなく、二次的に言説的であるにすぎない。そこにあるのは複雑な関係である。『千のプラトー』の読者であれば、ここで述べた言説的なものについての観点が、すでに「器官なき身体」の議論に示されていることを思い出すだろう。[2]「器官なき身体」は基本的には非言説的であり、したがって解釈不能である。しかし言説が意味と主体化を導き入れ、それらは「小さな貯蔵庫 small supplies」に保管される。同様に「器官なき身体」は、無限の速度で動く潜在的なもの[3]を、すでに（減速し、組織化され、結晶化されることで[4]）有限の速度で積み込まれた（あるいは孕まれた・住まわれた）現働的なものとして位置づける。つまり有限性が把握されるのは、その領域から追い出された無限性の性質が把握可能である場合（減速）に限られるのである。それと同じように、非言説的なものが言説的なものを生み出すのは、あるいは非言説的なものに言説的なものがすでに住まうことになるのは、相対的な共立性 consistency を獲得することによってである。言説が非言説性を切り離す傾向をもつにもかかわらず、その共立性が達成されるのは、奪い取ることから保持することへ変わるからである。共立性は無言のまま硬直し、分離 separation が方法においても確実性においても優位であると主張しながら、その上に覆い被さる。

　言説性の指標として理解される「小さな貯蔵庫」は、その内部に「流れ（揺らぎ）」と「門（さまざまな流れの形成物）」という言説的秩序の外因要素（外的参照項）を含んでいる。いいかえれば、そこには時間－空間の座標や無形の諸事物の言語的な形成・変形が含まれており[5]、そこで偶発的なさまざまな流れが可能的なもの（抽象機械）の生成を促し、さらにそれがおこなう表現は具体的な機械へと変容する。ここでガタリは「言説性 discursivity」という概念を、リゾーム（結節点と自乗）と線状連鎖（レベルと閾値）のいずれにおいても「エネルギー的・空間的・時間的な座標を外的参照項とする契起的秩序と同義である[6]」と定義している。

ガタリは亡くなる直前のインタビューで「言説は敵ではない」と述べている。敵であるのはむしろ、資本主義的な主体化を支える言説――不安定な状態に置かれた非物質的労働に従事する人々のあいだに拡散する集中的で包摂的な資本主義的言説――に限られる。なぜなら、そのような言説が情報の急速な拡散によって増殖すればするほど、その言説は集合性を失い、規格化され、貨幣と同じように交換可能なものになり、その結果として人々の表現行為 enunciation の能力を低下させるからである[7]。そのインタビューでガタリが想定しているのは、フロイト派精神分析におけるオイディプス物語である。フロイト派精神分析においてオイディプス物語は、さまざまな「流れ」に表現としての形をとらせ、一定の枠に抑え込むための狡猾な罠である[8]。別の言い方をすれば、フロイト派精神分析はユーモアや言いまちがいに関する「反実証主義的」な理論をもちだすことにより、さまざまな参照宇宙をその理論の枠内に移行させ、そこに一貫性を与えようとする[9]。そうして言説は、非言説的な潜在的表現行為にたいして、その内容を識別するための土台を提供する。ガタリはその土台となるものを「語りの流転 diversion of narrative[10]」と呼んだ。

ガタリは日本の建築、とくに高松伸の建築作品に特徴的な再特異化におおいに魅了された。高松の建築スタイルは、一方では高度に合理的で計画的な都市の内側に埋め込まれたル・コルビュジエの「住宅機械」に代表される近代主義的感性と、他方ではそのような都市の外側に立つミース（ファン・デル・ローエ）の機能主義的感性のあいだで、「第三の道」を切り開くものである。ガタリはARK歯科医院（一九八三）をはじめとする高松の作品について、その建築的な表現行為と機械状の生成を考察しながら、田中泯の舞踏――「自らの身体に完全に内閉しながらも、周囲の環境から感じ取るものに過敏に反応する」(11)――を想起する。そのガタリの議論をまとめると、次のようになる。ARK歯科医院という生成変化機械はある種の非人間的主体のあり方を示している。その機械が作動するのは、個人的でありながらも集合的でもあるような人間的主体化のさまざまなセグメントをつうじた表現行為によってである。それらのセグメントの一部は顔貌性の効果を含む構造をそなえていることが見て取れるが、それは建築家が意図的につくりだしたものであるにせよ、一定の自律性をそなえている。ガタリにとって、ARK歯科医院は次のような推移をよく示す事例であった。すなわち、ある作品が創造されるプロセスにおいてなんらかの表現行為に自律性が生まれると、そのプロセスは制作者（建築家や建設業者）を離れ、その近隣の文脈に変化を引き起こす。さらに、その変化は作品を見る者たちの実存的領土を再構成するだけでなく、そこで生じた異種混交的な表現行為の動的編成をつうじて、見る者たちに集合的主体性を獲得させる、という推移である。ガタリの美学において鍵となる要素は、人間の脱中心化あるいは解体である。それは原‐主体的な自律性の獲得に向かうこともあれば、脱人間中心主義的な知覚や動物や植物への生成変化に向かうこともある。実際、それこそはガタリが田中泯との対話において「身体の動的編成」という主題で語った事柄である。(12) そこでガタリは、田中が自分自身と観衆の視聴覚を脱領土化するプロセスを促すにあたり、地面を這い回る水平的な踊りがもつ戦略的意味を考察する。しかし田中は水平方向の揺らぎを重視しつつも、「水平」と「垂直」という観点を拒み、「斜め」や「傾き」という観点を主張する。その回答に満足したガタリは、横断性は斜線状であり、単純な水平性(配分の場)も純粋な垂直性(ピラミッド的な階層性)も拒むものであると論じる。(13) 田中の生成変化についての考え方はきわめて動的であり、彼は模倣(非人間的なものへの安易な生成変化)は生成変化の鈍化をもたらすとして、模倣の感性を一切拒絶する。田中は舞台の動的編成を構成する非人間的要素にきわめて敏感である。その話を受けてガタリは、空間-時間-身体からなる表象の言説的領域と、物質的身体をもたない非言説的で非表象的な領域——組織化されていないがその上にさまざまな流れを引き寄せる「器官なき身体」——のあいだに区別を設けることを主張する。不定形のさまざまな流れは、モジュールの篩《ふるい》(リゾーム)をつうじて印をつけられ、記号的事物となる。存在とは、この不定形の流れと記号的事物のあいだで生産される、いわば転換点である。記号的事物にこのような実体的領土が与えられることにより(この段階ではまだ形はとっておらず原-言説的なものにとどまる)、記号的事物の一部は表現的な動的編成をつくりあげる。この動的編成は、それを構成する強力な負荷を帯びた要素、つまり分子的要素が脱領土する可能性を探し求める。したがって「流れ」と「門」のあいだには、領土を媒介とした物質-形式-実体の三角形がある。田中が踊るどのような場においても、多記号論的に表現される事物がある。それはたとえば海岸線や水、そよ風、空、湿度であり、いわば流れとしての事物が引き起こす「風」である。だからこそ彼の即興の踊りは「気象身体」と呼ばれる。[14]

ガタリにとって田中は、機械状の生成変化に包まれた建物のようでありながら、変容する事物がつくりだす「風」に向けて開かれた人物である。田中は変容の場の中心から踊りながら離れ、代わりに観客がそこに入ってくる。そのことを田中は「出来事は私の外側で起こる」と述べているのだが、他方で彼はその出来事と一体化する。さらにいえば、田中が身体のうちに引きこもりながらも開かれている様子は、高松の建築物と同様である。というのは、田中の舞踏も高松の建物も、その内部にそれ自身以上のもの、つまり潜在的なつながりを含んでいるからである。それはブライアン・マッスミがパフォーマンスにおける「身体の生きた自己抽象化」と呼んだ、身体の可能性をダイアグラムへと展開することとして理解される。[15] このような言説的領域と非言説的領域の関係について、ガタリは機械状の「門」と潜在的な「宇宙」のあいだ、言い換えれば現働化した複合的な流れと高度に複雑化したカオス的領土とのあいだを、(質的に)無限の速度で結ぶ双方向インターフェイスとして説明している。その基本的な原理は『カオスモーズ』で次のように述べられる。

こうした言説的システムに一貫性(共立性 consistency)を与え、表現行為のモナドを成立させる契機は、〈表現〉ではなく〈内容〉の側、すなわち実存的機能の側に求められなければならない。この実存的機能こそは、言説に支えられながらも、そのシニフィアンの連鎖とそれがもつ指示的で命題的な効果から逃れ、その言説を存在論的肯定のリトルネロとして機能させるのである。[16]

言説は、記号論の指示的で包含的な意味作用（たとえばバルトの記号論[17]のような）の内部に囲い込もうとするシニフィアンの罠から逃れることができる。それはカオスモーズの反乱的諸力が、連辞《シンタグム》の直線的な言説性に捕らわれることなく、言説をより豊穣でより異質混交的な表現行為に導くことによって、あるいは言説をその上に乗せて運ぶことによって——これはガタリのいう「減速」のよい事例である——である。しかし、これによって言説のほうも「荒々しい飛翔」を実現し、「新たな複雑性の効果[18]」を最大化する。ようするにガタリはインターフェイス言語を一種の交渉として捉えていたのである。

情動的主体化

ガタリは記号論の問題を次のように提起し、それを彼の主体化概念の核心に位置づけた——「特定の記号的セグメントはいかにして自律性を獲得し、それ自体のための作動を開始し、新たな参照領域を生み出すのか？[19]」。これは基本的な問いである。それは第一に、それらの記号的セグメントがいかにして構造的組織と言語的シニフィアンに還元されることから逃れるのかを問うている。しかし第二に、それは美的感覚における自律性を問うてもいる。ガタリはさまざまな概念的用語を混合しながら、さしあたり「部分的表現者 partial enunciator」という用語を使って、作品の内容の断片がどのようにして表現の素材から切り離され、それ自体が動的編成に組み込まれるプロセス、すなわち新たな非物質的宇宙に参入しつつ存在へと移行する——この非物質的宇宙はその移行より以前には存在していない――プロセスに入り、「創造的主体性」によって把握されるものになるのかを説明する。ここでガタリは「内容の断片」という概念を、バフチンによる詩の分析から借用している。バフチンによれば、詩のリズム的要素のような「動きの感覚」は、主体化のプロセスを既存の座標に戻さないで未踏の経路へと送り込む「アトラクター」になるとされる。この「動きの感覚」は、心理療法家の（故）ダニエル・スターンの考えによれば、生命力の効果であり、情動の信号（たとえば怒りによるもの）に根差していない感覚である[20]。ガタリにとって、切り離された記号的内容の断片は、それがもたらす「詩的－実存的触媒」の作用をつうじて「主体化の核」が生成するための出発点となるものであり、制作者にも観客にも特有のものではなく、「芸術作品の制作者、解釈者、受容者たちのあいだのほぼ共時的な結晶化作用[21]」とみなされる。ガタリは、それらの人々のあいだのダイナミックな情動的関係を強調し、人々がどのように機能すれば「新たな実存的建造物[22]」が創造されるのかを論じる。

ヴァイツゼッカーの名前は『機械状無意識』の注釈に登場する。そこでガタリは「情動」と「存在」のあいだに、あるいは「個人《パーソナル》－生命－変化の世界」と「量と因果関係からなる物理的－客観的世界」のあいだに、拙速かつ峻厳に区別を設けようとする傾向にたいして警告を発する（そしてガタリ自身、自分にそのような傾向があることを正直に認めている）。「ある文脈で関連性があると見える特定の区別は、それとは別の文脈では、（その区別が科学から持ち込まれたものである場合）問題を解消しながらも動的編成に二項対立を持ち込む概念として機能することがありえる[23]」。これは避けるべきことである。ここで「モル状－分子状」の区別（どちらかが優位にあるわけではない）が果たす機能のひとつは、あらゆる相互作用が硬直化して妨げられることを防ぐことにある。もうひとつガタりにとって重要な点は、科学から借用した概念によっては異質性、すなわちガタリが宇宙のあらゆるレベルに見出した「機械状の創造性」を守ることができないことにある。[24] ガタリはヴァイツゼッカーとは反対の仕方で「情動」を取り戻し、それが主体化のあらゆるプロセスで作動していることを発見する。その後の『カオスモーズ』では、ガタリは自分の観点を次のように説明しなおす——合理主義的および資本主義的な主体化においては、科学的モデルにおけるのと同様に、情動的知性が括弧に入れられて排除される[25]、と。このような情動的知性の存在論的決定——ガタリはそのように呼ばなかったが——は、自己形成にたいして原因と結果のような客観的尺度を押しつける仕方で機能する。

自己を位置づける生産的プロセスは、身体と社会集団のような相関的な参照点を介して進むだけでなく、自律的傾向のさまざまな変容や移行、アイデンティティモデルを外部から強制する社会構造、さまざまな能力を定義する冗長性などによっても進む。そこで内容の断片は、冗長性の連鎖による縮減効果への抵抗として機能する。興味深いことに、その抵抗において断片にたいする操作がおこなわれる。すなわち、ガタリが示唆するようにそれらの断片を「リトルネロ」をつうじて部分的表現者へと抽出し、変換する作業がおこなわれる[26]。そこで断片がまとまった仕方で保持されることにより、主体化のプロセスにおける実存的審級の獲得と非物質的宇宙への飛翔が可能になる。そのような断片としての素材は多岐にわたり、ガタリはミニマリズムの反復的音楽、舞踏、観客の教養に依存したマルセル・デュシャンの作品、さらに詩を挙げている。実際、ガタリが非シニフィアンにそなわる実存的機能(あるいは非シニフィアンの「体制」全体)を重視するのは、非シニフィアンが意味作用から相対的に自律しているためである。ただし『機械状無意識』における説明とは異なり、『カオスモーズ』

においてガタリは、非シニフィアンを有機的な観点ではなく、純粋に情報としての観点から説明している。というのも『機械状無意識』の時期にガタリは、ここで述べた非シニフィアンの実存的機能を、意味作用や意識化作用や資本主義的主体化の様式という「肥料」に増殖する「微細な寄生虫」と捉えていたからである。[27] 意味に至る通路を必要とせず、また意味に縛られることのない非シニフィアンの記号論は、そのような増殖を理解するために有効である。もちろん、いかなる断片であっても、表現のレベルにおける記号論的標準化をつうじてサイバネティックな仕方で奴隷化されることもあれば、内容のレベルにおける冗長性の回復力に捕らわれて記号論的な仕方で従属化されることもある。ガタリはイェルムスレウに倣って、非シニフィアンの連鎖を構成するのは科学的に形成された事物であって、言語学的に形成された事物ではないと主張する。ガタリの非シニフィアンの記号論は、言語学的シニフィアンの記号論の縮小版としてではなく、「脱中心化」の大きな計画の一部として構想されている。記号機械が「主体化の意味論的プロセスを介さず、直接的に物質的・社会的機械の内部で機能する[28]」ことは、表現行為を人間主体から機械状の非人間的な動的編成へと脱中心化することを意味する。このような機械状の原-主体化に向けて人間の主体性を脱中心化することが『機械状無意識』の理論的目標のひとつであった。ガタリにとって非シニフィアンの領域は、機械状システムのあいだ(あるいは内部)での非人間的な表現行為の領域になるものであった。より厳密にいえば、ガタリの非シニフィアンの記号論は「機械を表現行為者にするため、そして技術的かつ実験的な装置のダイアグラム的能力によって機械を作動させるための方程式であり計画である[29]」。この広大な領域には、コンピュータのプログラム言語の「命令の取り出し《フェッチ》-実行」サイクルや、さまざまな水準でのシステム互換性、複数レベルのサイバネティック・ループなど、コンピュータ科学者とシステムエンジニアによる科学的形成物が含まれる。表現行為の機械がさまざまに異なる性質を統合する事例としては、鳥のような非人間的生物種（たとえば茶色ハバシニワシドリ）[30]もあれば、ガタリが『機械状無意識』で予告したように、発声機能をそなえたコンピュータ（たとえばアップル・コンピュータのＳｉｒｉ）も挙げられる。それらの事例では「人間的な創造性と機械状の発明」[31]のあいだの区別は曖昧である。このように非シニフィアンと非主体化は、ガタリの人間中心主義批判における中核的な課題であり、その検討はコンピュータ・テクノロジーの観点だけでなく、動物行動学の観点からも展開される。そこからガタリはアニミズムを重視するようになり（ガタリは田中泯との対談をはじめ、さまざまな箇所で動物とアニミズムの結びつきに注目している）、それを言説的領域と非言説的領域のインターフェイスとなる自己表現機械として捉えるようになる。[32]そのさいガタリにとって重要な役割を果たしたのが芸術家たちである。彼らが現実界から取り出した断片は、制作者、観客、利用者にとっての部分的表現者として機能する。「重要なことは、その作品が実際に表現行為を生産的に変容させるものであるかどうかを知ることである」[33]。ガタリが草間彌生の絵画に見出した「豊かな情動」は、「われわれの主体性につきまとっている植物的潜在世界の探索に向かわせる」[34]力をそなえていた。ガタリは彼女の作品が典型的な精神分析的解釈に抗して、また自己愛的で自閉症的な草間自身による分析にも抗して、「物、形、色、意味作用といったものを必然的かつ十全たる仕方で解体し、そこから彼女が作品を作り始めたときの視野よりもずっと大きな視野をともなった感性と意味のベクトルを再構成する」点に関心を向ける。これまで草間は自分の芸術的プロセスについて、水玉模様や小さな刷毛模様の増殖によって自己を消し去ろうとする試みであると宣伝してきたが、他方でフロイト派の精神分析的解釈は無意味であると不満も漏らしてきた。このように差異を消去する戯れとそれに続く精緻な作業こそは、草間のカオス化がきわめて制御された仕方で「超複雑情動」を生産するという特徴をつくりあげる。こうした情動は「未分化のエネルギー」や「野生で未定形の素材」として理解されるべきではない。というのも、それは無限の潜在性に満たされた非言説的領域から生まれたものだからである。実際、それこそは草間の言語であり、またガタリの言語でもある。すなわち草間は水玉模様を使い、ガタリは速度を使う。ガタリにとって草間の絵画は、凡庸な消費文化から剝ぎ取った素材を日本絵画の伝統と組み合わせることによって「私たちの世界を再魔術化する」力をもつものだった。ビート・ジェネレーションの「創造と破壊」を経験し、抽象表現主義の男根主義的な世界を生き抜いてきた草間の現代アート作家としての成功の鍵は、無限の速度にある前‐対象的な実体を減速させ、言説的領域へと再導入させることにより、その実体に形を与え、その姿を巧みに描きだすことにある。つまり彼女は、粉砕された物質の要素を巧妙に操作し、それを自己生成的な主体化のための「新たな実存的基盤」につくり直して観衆に与えるのである。

脱中心化のもっとも重要な意味は、それによって「表現行為が一方では非言説的強度の論理をつくりだすことに関与し、他方では部分的主体性のさまざまなベクトルを一本化＝集積化することにも関与する」[35]ということにある。ガタリが非言説的領域へと関心を移したのは、言説的論理や個体化、人格性にもとづいて構築された主体性モデルから逃れるためだけでなく、主体／客体の対立を追い払うためでもある。現象学と精神分析を利用して、ガタリは「主体と客体という二つの極を主体的移行をつうじて」あるいは「非言説的移行」をつうじて融合させようとする。その移行は言説的なものとの関係を離れては起こりえないが、だからといって言説的なものに限定されるわけでもなければ、他の事物によって固定されるわけでもない。言説性は永遠に消し去るべき敵などではない――むしろ言説性を敵とみなす考え方こそ、ガタリが避けようとしたものである。それに代えてガタリが焦点を当てるのは、非言説性を経験する情動的知性である。これについて彼は、催眠現象やベルクソン的な持続の経験などを例に挙げながら、主体化の核との出会いは主体／客体の分割に先立って存在することに言及している。そこで主体化は、主体／客体の関係と並行して主体それ自体の現働化が進むというプロセスとして起こる。それが起こるためには、時間‐空間の座標軸と記号論的媒介物（すなわち言説的演算子）が必要となる。しかしガタリは、このプロセスが言説に依拠する仕方には独特の特徴があると述べている。というのも、このプロセスは主体の自己形成を理解させるものではあるが、同時にそれは主体／客体の関係の根底に擬似言説的要素と擬似媒介的要素が据え付けられていることを明らかにするからである。(36) そこにガタリはパラドックスがあると言う。すなわち、主体化のあらゆる様態の基盤にあるのは情動であるにもかかわらず、この情動はとりわけ科学的・合理的な主体化によって、さらには消費文化のようなおぞましく毀損された物語のリトルネロによって、言説の外側に向けてかんたんに搾り出されるというパラドックスである。いずれにせよガタリが洞察したのは、言説は言説それ自体が取り除こうとするもの、つまり非言説性に依拠して成立し、反対に非言説は識別可能な異質性の線をつくりだすために言説性を必要とする、ということである。

参照される非言説的宇宙は、あくまで潜在的である。つまり脱領土化した非物質的宇宙（U）である。潜在的なもの（複合したさまざまな非物質的宇宙）が現働化し、真にカオス的な実存的領土（T）が形成されるのは、そのインターフェイス（複雑性と異質性をそなえた無限のリトルネロ）を見出すことによってである。非物質的宇宙と実存的領土という二つの領域のあいだの演算子《オペレータ》こそが「情動」と呼ばれる――その役割は、内的参照項を実存的あるいは潜在的な線へと翻訳し、混ぜ合わせることにある（たとえば速度の混合）。他方で「存在論的演算子」は流れ（F）と門（Φ）を外部参照座標によって結ぶ蝶番であり、規則性や形態化、プロセス要素など共立性の中間的混合物を生成する。[37] 表現行為の共立性の核を探求することは、言説性の「転用」が展開することを意味している（たとえば、たんなる記述的説明ではなく、物語を利用して複雑なリトルネロを打ち立てる）。情動的知性は、外部の客体についての客観的な記述も、限定された参照領域も生み出さない。ガタリにとって「情動的表現は、明確に区切られた参照項にもとづいて対象を位置づけて言説的順序に置き直すものではない。それは共存の領域であり、強度が結晶化する領域なのである」。[38] 情動的関係は、意味作用や構造的座標、形而上学的二元論の枠に押し込められない。潜在的宇宙は、それが実存的領土として具体化されたときしか識別されないものでもなければ、参照項によって固定されて言説的領域で展開されたときしか記述されないものでもない。言説性は、みずからの情動的知性を取り除こうとする傾向に逆らって展開することができる。それは既存の物語――フロイト派の神秘的理論や精神病患者の妄想など――に織り込まれることに抵抗するために、種子のようなものをつくりだし、それが実存的基盤となって強度のリトルネロ、そして変容的な主体化が引き起こされる。それでも他方で、情動的強度が明確に形を与えられた固定した実体へと差し向けられることで、カテゴリー（特定の感情と結びついた抽象的情動）のような機能的アンカーへと変換されることもある。ガタリの考えでは、そこにこそラカンのシニフィアン理論が錯誤に陥ったことの最大の理由がある。すなわちシニフィアンの連鎖を線として捉えるラカンは、「表現行為の核心をなす情動的、非言説的、自己生成的な特徴[39]」にたいして、それを均質化するような仕方でシニフィアンを適用し、構造の論理によって動的編成を構成する諸要素の多様性を失わせ、主体化を肥大した象徴秩序の下に制限したのである。

どのようにして部分的表現行為の認識は生じるのだろうか？　まず情動の共立性とは生成変化であり、さまざまな差異化を示す諸力がつねに変化する領域であり、それは表象ではなく感情をつうじて把握される。それは「君が存在するにもかかわらず、君の中に存在しはじめる」。ガタリの考えによれば、情動はその人を移動させ、参照の宇宙へと運んでいく。「私はいつのまにか自分がドビュッシーの宇宙に運ばれていたことを知った……[40]」。こうしたことが起こるのは、情動の痕跡が表象的言説に入り込むよりも前の時点であり、かつそれが表象的言説になるのと同時である。ガタリの用語では、このような主体と客体のあいだを通過する「横断性の閃光」は、表象以前の情動の「凝集」――それは純然たる「存在」である――と呼ばれる。『カオスモーズ』において「凝集」は、一種の専門用語として使われる。それは、さまざまな構成要素が複雑かつ非連続的な仕方で主体の動的編成に組み入れられることを意味する語である。先に議論した「内容の断片」についての美的事例に話を戻すなら、「横断性の閃光[41]」が作用する仕方は、内容の断片が「美的表現の何らかの様式を生み出すために制作者に〈憑依〉する」仕方にぴったりと当てはまる。そのような「横断性の閃光」は「（悲しみに）落ち込む」ことや「（人格を）内破する」ことも引き起こすような、多様な力をそなえた複雑なリトルネロなのである。

移行と融合

ヴァイツゼッカーは「情動」概念を相互に依存する五つの助動詞――may、can、will、must、shallの五つ――をカテゴリーとする五角形で説明している[42]。情動的経験は、それらの助動詞をモデルとしたカテゴリーをつうじて表現を見出す。その表現は助動詞のカテゴリーによって固定されており、ヴァイツゼッカーはそれを情念が閉じ込められる檻に例えている。そこで彼は、それらのカテゴリーの抽象性に注意を促し、そのような固定性は流動性を排除するものではない（それらの助動詞は活用され、修飾されるから）と主張する。しかし、それは「檻に閉じ込められた鳥がその檻とともに飛ぶか、あるいは檻が鳥とともに飛ぶか[43]」のどちらかに限られる。情動の生成変化は、存在の所与性＝日常性に抵抗する。生成変化が助動詞という檻によって限界を定められることは、それが意志的な努力になること、すなわちそれらのカテゴリーを始動因とする生成変化になることを意味する。他方でガタリは、機械の始動因を想定することを放棄し、精神分析的な病理学的カテゴリーの観点やヴァイツゼッカーのような感情を鋳型にはめるカテゴリーの観点を拒否した。それらの観点にたいするガタリの反論を想像するのは難しくない。情動的強度に関して文法的な「公理」をでっちあげることや、欠如を前提として（まだ欠如していない状態であっても）情動的努力を定義する――「人は望まないものだけを望むことができる[44]」――ことは、『アンチ・オイディプス』において告発され、拒否された――

「何ものも欠如によって定義されることはありえない」[45]――ことである。ヴァイツゼッカーにとって情動的強度は文法的に階層化されており、彼の呈示する五つのカテゴリーにおいてそれは「凝固した抽象化[46]」として現れる。そこには閉じ込められた全体の流動性しかない（檻の中の鳥の飛翔）。それらの「カテゴリーと言語的論理の関係は、公理と幾何学[47]」の関係と同じである。そこで記号論的なオーバーコード化が機能すると考えるのは、言語こそは情動を現実化させるための支配的モデルであるとみなすことであり、既存の結合規則に従っている情動しか流れないと断じること、言い換えれば文法の命令を幼児期に始まる主体化のモデルとして想定することと同義である。それにたいしてガタリはヴァイツゼッカーを自分の理論的源泉のひとつと認めながらも、情動的カテゴリーは「変装して互いに隠しあっている[48]」と述べている。

このように両者のあいだに大きな違いがあるとしても、ヴァイツゼッカーの情動についての考え方が生成変化を指標としていることは確かである。『構造のサイクル』において、彼は情動の生成変化をポテンシャルとみなし、さらに注目すべき定義を提示する。「その時点では危機的状況が存在していなくても、潜在的にはあらゆる危機的状況が存在している[49]」。これをガタリの観点から読むと、通過および制御された増殖という点が重要であろう。情動の強度的運動は存在を消し去る。ヴァイツゼッカーは「そもそも情動的状態は存在消失と同義であり、その変容がもたらす危機が示すのは、情動的属性と存在論的属性のあいだの死を賭けた戦いである[50]」と述べている。この存在消失は、ヴァイツゼッカーにとって、情動的経験が空間や時間、因果関係などの存在論的経験に翻訳されることの不可能性を示すものであった[51]。それは別の言い方をすれば、欲望と義務のカテゴリーが存在論的な動因や原因に還元されることの不可能性を意味している。ガタリは、こうした類いの対立（情動的／存在論的、エロス／タナトスなど）を前提とすることを拒否したうえで、彼の地図作成において「存在論的」属性の領域を探究する。ペルバートは、ヴァイツゼッカーにおける存在消失と、時間や空間などの「存在論的」属性に先立つ「脱差異化した」カオスモーズの内在性への感覚についてのガタリの思想とのあいだに深い関連があると強調している。[52]ガタリが述べるようなカオスモーズ的状態への没入——ガタリはそれを精神病や自閉症、躁病、てんかんなどの精神病理学的スペクトラムだけでなく、今井の絵画にも見出している——は、凝集した未分化の特性 traits に「情動的で実存的な仕方で吸収される」こととして経験される。そこからペルバートは「危機的な瞬間に生は深淵へと潜り、そこから復活を遂げる」[53]と論じている。ここでペルバートが「深淵」と呼ぶものは、ガタリにおいては「臍の緒」と呼ばれる特殊な結節点に相当する。その結節点こそは実存的領土が具現化され、非物質的宇宙が構成される場所である。それは「強度化の点」であり、その点を中心に主体性が構築され、ふたたび姿を現すようになる。[54]どの深淵にも独自のテクスチャがあり、その深淵へのどの潜入にも「署名され、日付が記された出来事」[55]がある。実際、それは田中泯の踊りにまったく当てはまる。というのも田中の踊りは、財産のように田中に所有されたものではなく、あくまで特定の時間と場所が記されたものだからである。「私には〈自分の踊り〉は必要ありません。そんなものがあるのでしょうか？私はそのような踊りがなくても生きていけるし、ダンサーでありつづけることができます。しかしこの身体はこの私です。そして踊るという行為はこの身体と精神がおこなうことです。だから私は〈私の踊り〉と言うわけですが、しかし、それは私がその踊りを私のものとして所有するという意味ではありません。せいぜい〈某月某日の、これこれの踊り〉と言える程度のことです[56]」。さらにある時期の今井の作品は、ガタリにとってカオスモーズの絵画を示すものだった。「マチエールのなかに潜り込んで、すべてを廃棄しながら複雑性を再発見するという相互浸透――今井はこのようにして〃身ぶりとしての抽象芸術〃の時期から〃花鳥風月〃の時期への転回のなかで〈カオスモーズ〉の画家となった[57]」。ヴァイツゼッカーのカテゴリーは「情動的主体を調整する」ものであろう。他方、よりオーソドックスな分析家はいわゆる「客観的」な観点から存在論的なものを再確認するだろう。しかしスキゾ分析家は彼らとはまったく異なる。というのもスキゾ分析家は、世界を創造する旅に出る患者に情動的に寄り添い、ともに「情動の通路を辿ってカオスモーズに向かう[58]」からである。

結び

スキゾ分析の特徴を示す数少ない現存する芸術作品のうち、もっとも優れたもののいくつかは、ガタリが評価した日本人アーティストたちの作品である。ガタリは草間を「日常性の壁を突破した」作家として高く評価し、今井をカオスモーズ的強度の深淵に飛び込んで無限と出会い、戻ってきた作家として賞賛した。「直接的、官能的、性的な身ぶりのカオスモーズがカンバスを支配することになったのである。それは〃ドリッピング〃［カンバスに絵の具を垂らす技法］を静かに待つカオスモーズであり、中国の伝統絵画において水が生き生きと模様をなしていく動きをも想起させる[59]」。今井の芸術家としての実践は、言説的な複雑性と非言説的なカオスという二つの方向を見据えつつ、この二つの関係を「見事に連結させる」ものである。それは、深淵に生きることと言い換えられる。すなわち、カオスの海に飛び込み、その中で暴れ回る複雑性を携えて再び浮上し、海面を跳ね回るカオスに注意を払いながら、その海面を「変容の強度」によって豊かにする方法を見出すことであり、それを繰り返すことである。建築家の高松は、情動的転移を自分の作品を構成する諸要素の特異性へと至らせることにより、それらの諸要素に機械状の自己充足性を獲得させ、それを美的認識の部分的表現者とすることに成功した。ガタリの考えによれば、情動的知性の空間的でもっとも単純な原－表現行為は、その空間の雰囲気として感知される。なぜなら、そこには媒介もなければ、明確に区分された情報が参照されることもないからである。しかし、そのような方向は一種のファンタジーに行き着くこともあれば（高松の機械主義が玩具のような「SYNTAX」（一九九〇）［京都市左京区に現存する高松作品］の時代遅れの未来主義に向かったように）、抑うつ的な主体化に行き着くこともある（小学校の兵舎のような建物から陰鬱な気配が滲み出るように）。外部の言説性と内部の情動的感情は、そこに内包された実存的領土に姿を与えるさまざまなプロセスを結びつけ、進行させる。そのプロセスは最初から定められた調和に向かうこともなければ、そこに生じる特異性を切り捨てることもない。そこで無限へと向かおうとするさまざまな変異と通路が、複数の解釈図式によって捕獲された場合、はたして何が起こるのだろうか？　この点に関して草間彌生の作品についてのポスト・ラカン派の分析は、まさにガタリが観察した内容に沿ったものである。草間の初期の「無限の網」や後期の水玉模様を描いた絵画作品、さらには彼女のパフォーマンスやインスタレーションの作品が一堂に集められた展覧会についての分析で強調されたのは、それらの作品の制御された特徴と対象が共有された空間において、カオスモーズ的な情動的転移が制作者と観客の境界を越えて部分的主体化を引き起こし、両者のあいだに相互的変容と共－生成（閃光）をもたらすことであった。[60]

原注［邦訳のある文献についてはヘトリックの論文の後にまとめておいた］

（1）Peter Pál Pelbart, "The Deterritorialized Unconscious", in *The Guattari Effect*, eds. E.Alliez and A. Goffey (London: Continuum, 2011), p.75.

（2）Deleuze and Guattari, *A Thousand Plateaus*, trans. B. Massumi (Minneapolis: University of Minnesota Press, 1987), p.160.

（3）Guattari, *Chaosmosis*, trans. P. Bains. and J. Pefanis (Bloomington: Indiana University Press, 1995), p.112.

（4）この点については以下の著作を参照。Simon O'Sullivan, *On the Production of Subjectivity: Five Diagrams of the Finite-Infinite Relation* (London: Palgrave Macmillan, 2012), pp.99-100.

（5）Guattari, *Schizoanalytic Cartographies*, trans. A. Goffey (London: Bloomsbury, 2013), p.131.

（6）Guattari, *Schizoanalytic Cartographies*, p.70.

（7）Guattari, "The Vertigo of Immanence: Interview with John Johnston", in *The Guattari Effect* (London: Continuum, 2011), p.36.

（8）Guattari, *Schizoanalytic Cartographies*, p.43.

（9）Guattari, *Chaosmosis*, p.26.

（10）Guattari, *Chaosmosis*, p.61.
（11）Guattari, "The Architectural Machines of Shin Takamatsu". ［本書「高松伸の〈建築機械〉」］
（12）Guattari, "Body-Assemblage: Dialogue with Min Tanaka". ［本書「田中泯との対話——身体の動的編成をめぐって」］
（13）Guattari, *Psychanalyse et transversalité*, (Paris: Editions François Maspero/La Découverte, 1972/2003), p.79.
（14）Guattari, "Butoh". ［本書「舞踏」］
（15）Massumi, *Semblance and Event: Activist Philosophy and the Occurrent Arts* (Cambridge, MA: The MIT Press, 2011), p.140.
（16）Guattari, *Chaosmosis*, p.60.
（17）Barthes, *Elements of Semiology* trans. A. Lavers and C. Smith (New York: Hill and Wang, 1967), p.89ff.
（18）Guattari, *Chaosmosis*, p.111.
（19）Guattari, *Chaosmosis*, p.13.
（20）Genosco, *Aberrant Introduction*, pp.52-3.
（21）Guattari, *Chaosmosis*, p.19.
（22）Guattari, *Chaosmosis*, p.20.
（23）Guattari, *The Machinic Unconscious*, trans. T. Adkins (Los Angeles: Semiotext(e), 2011), p.149.
（24）Guattari, *The Machinic Unconscious*, p.155.
（25）Guattari, *Chaosmosis*, p.26.

(26) Guattari, *Chaosmosis*, p.20.
(27) Guattari, *The Machinic Unconscious*, p.51.
(28) *Ibid.*, p.68.
(29) Guattari, *Chaosmosis*, p.36.
(30) Deleuze and Guattari, *A Thousand Plateaus*, p. 331.
(31) Guattari, *The Machinic Unconscious*, p.103.
(32) Angela Melitopoulos and Maurizio Lazzarato, "Machinic Animism", *Deleuze Studies* 6.2 (2012): 224.
(33) Guattari, *Chaosmosis*, p.131.
(34) Guattari, "The Rich Affects of Madam Yayoi Kusama".［本書「草間彌生の〈豊かな情動〉」］
(35) Guattari, *Chaosmosis*, p.22.
(36) *Ibid.*, p.26.
(37) Guattari, *Schizoanalytic Cartographies*, p.112.
(38) Guattari, *Chaosmosis*, p.30.
(39) *Ibid.*, p.72.
(40) Guattari, *Chaosmosis*, p.93.
(41) Guattari, *Chaosmosis*, p.14ff.
(42) Von Weizsäcker, *Pathosophie*, trans. J. de Bisschop, M. Gennart, M. Ledoux, B. Maebe, C. Mugnier, A-M Norgeu (Grenoble: Millon Jérôme Editions), 2011, p.54.
(43) Von Weizsäcker, *Pathosophie*, p.55.

(44) Von Weizsäcker, *Pathosophie*, p.65.

(45) Deleuze and Guattari, *Anti-Oedipus*, trans, R, Hurley et al (New York: Viking, 1977), p.60.

(46) Deleuze and Guattari, *A Thousand Plateaus*, p.144.

(47) Von Weizsäcker, *Pathosophie*, p.54.

(48) Guattari, *Schizoanalytic Cartographies*, p.109.

(49) Von Weizsäcker, *Le Cycle de la Structure*, trans. M. Foucault and D. Rocher (Bruge: Desclée de Brouwer, 1958), p.220.

(50) *Ibid.*

(51) Von Weizsäcker, *Le Cycle de la Structure*, p.222.

(52) Guattari, *Chaosmosis*, p.80.

(53) Schotte quoted in Pelbart, "Deterritorialized Unconscious", p. 75.

(54) Guattari, *Chaosmosis*, p.80 and 82.

(55) Guattari, *Ibid.*, p.81.

(56) Jiae Kim and Min Tanaka, "Min Tanaka's Butoh: An Interview", *Theme 7* (Fall 2006). https://www.thememagazine.com/stories/min-tanaka/

(57) Guattari, "Imai: Painter of Chaosmosis". 〔本書「〈カオスモーズ〉の画家、今井俊満」〕

(58) Guattari, *Chaosmosis*, p.86.

(59) Guattari, "Imai: Painter of Chaosmosis". 〔本書「〈カオスモーズ〉の画家、今井俊満」〕

(60) 次の二つの著作を参照。Bracha Lichtenberg-Ettinger, "Trans-Subjective Transferential Borderspace", in *A Shock to Thought: Expression after Deleuze and Guattari*, ed. B. Massumi

(London: Routledge, 2002), pp.227-29; and Izumi Nakajima, "Yayoi Kusama between abstraction and pathology", in *Psychoanalysis and the Image: Transdisciplinary Perspectives*, ed. Griselda Pollock (Oxford: Blackwell/Wiley, 2006), p.154.

批判的ノマディズム？——日本におけるフェリックス・ガタリ

ジェイ・ヘトリック

ここにグローバル・マルチチュードについての非ヨーロッパ中心主義的な観点がある。すなわち互いに分かち合い、互いに生産するコモンの上にさまざまな特異性が結びつくことで成り立つような、開かれたネットワークである。われわれの誰にとっても、ヨーロッパを基準に世界を評価することを止めるのは難しい。しかしマルチチュードの概念は、それを止めることを私たちに要求している。これは挑戦なのだ。そのことを受け入れなければならない。

マイケル・ハート&アントニオ・ネグリ(1)

白人の成人男性という主体のたえざる生産と大量輸出は、あらゆる中央集権化、あらゆるシニフィアンのツリー状の体系から必然的に逃走する強力な多様性を規律化することと、つねに相関関係にあった。

フェリックス・ガタリ(2)

この小論では、フェリックス・ガタリが日本に魅了されたことに由来するいくつかの結果を批判的かつ臨床的に描き出すつもりである。フランソワ・ドスによれば、一九八〇年代にガタリは八回にわたって日本を訪れ、そこで精神医療や政治的闘争に関与し、さまざまな党派の知識人や芸術家たちと議論をおこなった(3)。こうした出来事はたんなるガタリの「日本趣味《ジャポニズム》」にすぎないと読者には思われるかもしれない。しかし、私はそれをドゥルーズとガタリの理論的装置に内在する問題として考察してみたい。というのも私の考えでは、ガタリの日本にたいする深い関心は、彼の心中に潜んでいたロマンチシズムやオリエンタリズムとして理解されるべきではなく、むしろ「批判的ノマディズム」として、またその後にガタリの思想が発展するために欠かすことができなかった回り道として理解されるべきだからである。とくに、日本の芸術家についての彼のあまり知られていない論考はきわめて重要であると主張したい。というのも、それらの著作は田中泯や田原桂一、草間彌生、高松伸、今井俊満といった芸術家たちの作品を具体的事例として扱っているため、曖昧なまま残されたガタリの倫理的・美的パラダイムについての思想を解明するために役立つからである。端的に言えば、ガタリが日本に魅了されたのは、神道のアニミズム的世界とハイパー近代的なネオンライトの非-場所のあいだに浮かび上がる資本主義の奇妙な形態が、ガタリの「統合された世界資本主義」の図式において、きわめて重要な意味をもつものとみなされたからである。それはガタリによって「新たな資本主義的主体性のプロトタイプ的なモデル」と呼ばれる。そこで主体性は「非シニフィアン的な諸記号」の非物質的宇宙、すなわち「初期状態にある創造の次元、つねにみずからに先行する領域、生成の力(4)」を指し示す、と論じられた。したがってガタリの日本訪問は、彼の倫理的・美的パラダイムの思想的発展において、いわば「失われた著作」とみなされる。

ドゥルーズとガタリの著作にオリエンタリズムが内在するという批判はよく知られている。クリストファー・ミラー、ガヤトリ・スピヴァク、カレン・カプランなどの論者たちは、それぞれ異なる仕方ではあれ、ドゥルーズとガタリのオリエンタリズム化した概念の用い方——たとえば「ノマディズム」概念——は「ヨーロッパに対抗する戦略にとって比喩的な余白として機能するにすぎない」とみなしている。(5) このような主張はドゥルーズ゠ガタリの思想を離れて別の思想に改宗した人々によっておおいに利用されたが、それでもいくつもの反論が起こった。(6) たとえばエドゥアール・グリッサン、アルジュン・アパドゥライ、レイ・チョウ、レダ・ベンスマイア、エリアス・サンバーなどのポストコロニアリズムの著名な研究者や作家たちは、それぞれ程度や目的は異なるにせよ、ドゥルーズとガタリを擁護する側に回った。しかし、そのように起こった論争はもはやレトリック上の争いとしか見えなくなっており、その議論にここで私は立ち入るつもりはない。むしろ私が取り組みたいのはノマディズムという概念、そしてその生まれ変わりである「地球哲学 geophilosophy」を再検討することにより、ガタリの複数回に及ぶ日本への訪問と日本での滞在を理解するための舞台を整えることである。たとえ私たちがガタリをオリエンタリズムやプリミティヴィズム、さらにはジャポニズムという罪を犯したとして断罪するにせよ(私はそのような意見はまったく誤っていると確信しているのだが)、それでも私たちは彼がつくりだしたさまざまな概念の裏側をまじめに検討するべきであり、そして実際、それらの概念はこれまで批評家が見落としていたきわめて「批判的 critical」な次元をそなえている。それは、たとえばポール・ゴーギャンにプリミティヴィストという単純なラベルを貼ったところで、私たちにまったく得るものがないのと同じである。ゴーギャンが何度もカリブ海やポリネシアの島々を旅したのは、真正の「野生 savage」——これは彼が人生の終わりまで自分自身を形容するために用いた言葉である——を「表現 represent」することを目指したからではなく、十九世紀後半のヨーロッパで進行した消費資本主義と都市化がもたらした閉塞感から逃れることを目指したからだった。というのも彼にとってその閉所恐怖症的な感覚こそは芸術的創造を妨げるものだったからであり、さらに言えば、真に生きることを妨げるものだったからである。冒頭に掲げたネグリとガタリの引用文も、その根底にはこのような批判的論理があるように思われる。そして、この論考が題名に掲げている批判的ノマディズムという概念も、この批判的論理を示すものである。ノマディズムという概念の本質は、ガタリが「統合された世界資本主義」と呼ぶ帝国主義的な覇権様式にたいして、その周辺でマイナーな主体性と言語を増殖させることによって抵抗することにある。その意味で、この概念はポストコロニアリズム理論の方向性と完全に一致する。それはエキゾチックな「大文字の他者」の古めかしい幻想を表象したり「領土化」したりすることとは、何の関係もないのだ。つまるところ、ドゥルーズとガタリはスピヴァクの議論をまったく先取りしていた。すなわち、彼らが関心を抱いていたのは「大文字の他者」を「代弁する speaking for」ことではなく、出会いそのものの空間をマッピングすることであり、そのために必要となったのが、表象のシステムを粉砕する新たな記号論である。後で見るように、それこそは日本でガタリがおこなったこと——すなわち、彼が日本滞在中におこなった奇妙な一連のインタビュー、出会い、対話であり、また従来とは異なる仕方で相手と「ともに with」語り存在するための仕方である——の重要な主題だった。

『千のプラトー』において展開されたノマディズム概念の重要性については、すでに多くの文献が示している。しかし、この概念を本論考の作業で有用なものとするためには、そのドゥルーズによる用法とガタリによる用法を確認したうえで、両者を区別する必要がある。この概念の標準的な定義は次のようなものである。

ノマドは平滑空間に身を委ねる。ノマドはその空間を占有し、そこに住み、それを保持する。それがノマドの領土的原理である。したがってノマドを運動によって定義するのは誤っている。それとは逆に、ノマドを動かないものとして示そうとしたトインビーはまったく正しかった。移民が不定形になった、あるいは敵対するようになった場所から出てきた人々であるのにたいして、ノマドは出発せず、出発を望まず、背後に遠ざかる森と目の前に近づく草原や砂漠に広がる平滑空間にしがみつき、その挑戦への応答としてノマディズムを発明する人々なのである。(7)

しかし、この記述が純粋にドゥルーズ的であるのはまったく明らかであろう。ドゥルーズはすでに『差異と反復』においてノマディズムについて長く語っていた。ドゥルーズのノマドロジーは、あまり文字どおり解釈しすぎるべきではないにせよ、かならずしも「現実」のノマドをロマンティックに参照した言葉として、あるいはその隠喩的表現として受け止めるべきではない。そこでドゥルーズが展開したのは「ノモス」についてのきわめて機能的かつ技術的な定義である。そのことは言語学者エマニュエル・ラローシュと人類学者ジャン＝ピエール・ヴェルナンの著作において示されている。ノモスという概念は、デモクリトスやプラトンによって慣習や法律の規範的な意味合いで解釈される以前は、（幾何学的ロゴスにもとづいて区画された）ポリスの境界の外側にある未区画の共有地を意味していた。このような意味でのノモス概念は、ピョートル・クロポトキンが「古代ギリシャにおける最高のアナキズム哲学[8]」と賞賛したゼノン［ストア派の創設者であるキティオンのゼノン（紀元前三三五—二六三年）。ゼノンのパラドックスで知られるエレア派のゼノンとは時代も人物も異なる］の『国家論』においてその後ふたたび取り上げられた。ドゥルーズは「ノマド」という語を、そのような古い意味で用いたとともに、その語源となった配分を意味する nemô という語の意味でも用いた。ようするにドゥルーズにおける「ノマド」は、そのような「ノモス」という語の二つの意味で用いられた概念として理解されるべきである。それは分割されない配分を意味する「平滑空間」と同様、プラトン的な法に対抗する概念、つまりノマド的な「ノモス」である。

> それはノマド的、あるいはノマドの「ノモス」と呼ばれるべき一種の配分である。そこには所有もなければ囲いも尺度もない。もはやそこで分配されるものに分割はなく、むしろ開かれた空間——無限の、あるいはすくなくとも明確な境界をもたない空間——において分配される彼ら自身のあいだに分割がある[9]。

ノマド的分配とは、たとえば遊牧民《ノマド》がエジプトの国境を超えて、平滑で際限なく広がる砂漠を分割することなく横断するようなものである。ドゥルーズにとって、このような機能的定義は実際に遊牧生活を送る人々に適用可能なものであった――「エジプトにはヒクソス人が、中国にはトルコ＝モンゴル人が、小アジアにはヒッタイト人が……ヘブライにはハビル、ドイツにはケルト、そしてローマにはゴート、アラブにはベドウィンがいた」[10]――こうした事例はいくらでもあり、近いところではボードレールが考案したフラヌール flâneur（遊歩者）、ドゥボールが考案した精神地理学者 psychogeographer がそうである。ドゥルーズにとって「ノモス」とは、たんに一種の配分と運動を意味する概念であり、それは領土の境界（その内部と外部の両方）を組織化し定義しようとするあらゆる原理の外側で機能するものである。したがって、それはプラトンの理想国家を分割する「ロゴス」にたいして、アナーキーなまでに無関心である――「都市だけでなく国家の領土全体が、十二の区域に放射状に分割されなければならない。また人間もその十二区域に配分され、その十二区域と彼らの残りの財産が可能なかぎり等しくなるようにしなければならない[11]」。しかし、このようなノマディズムの平滑な運動は、認識と表象のモデル――プラトンの『テアイテトス』からデカルトの『省察』、カントの『純粋理性批判』にいたるまで、ながらく哲学の根源に潜む先入観 urdoxa でありつづけている――が想定する真理から解き放たれた思考様式として捉えられる。

しかしドゥルーズの著作には、こうしたノマド思想がある種のアナキズムの政治形態と結びついていることを漠然と示唆する記述がみられる。その考えはすでに『差異と反復』に現れ、『千のプラトー』にまでつながっている。『差異と反復』においてドゥルーズは、哲学は絵画に似ていると述べ、その理由として「絵画は表象から抽象へと向かうための革命を必要とした。これはイメージ抜きの思考の理論を目指すことである……戴冠せるアナーキーは表象のヒエラルキーに置き換えられた。ノマド的配分は表象の定住的配分に置き換えられた」[12]。ここで「戴冠せるアナーキー」という表現は、古代ローマ皇帝ヘリオガバルスの伝記をアルトーが小説化した作品のタイトルに由来している。しかし、この一文だけで理解できるのは、芸術と政治、思想のあいだを全体として結ぶ何らかのつながりが示唆されている、ということでしかない。しかし『千のプラトー』の「ノマドロジー」の章に書かれた注釈のひとつには、二種類の政治革命が対比されており、そこから私たちはオリエンタリズムに関わる問いに引き戻されることになる。そこでドゥルーズとガタリは国家の変容に関わる「西洋型」の革命と、国家の破壊に関わる「東洋型《オリエント》」の革命を同一視することができると述べている。そして、両者は実際には「革命の連続した段階」であり、「十九世紀の社会主義とアナキズムという二つの潮流の対立を反映している」可能性が示唆されている。この観点に立つとすれば、西洋型革命における「変革」は労働者の力が強まることによって起こり、東洋型の「破壊」は権力そのもののノマド化によって起こると考えることができる。しかし、この西洋と東洋、社会主義とアナキズムの二分法は、彼らが次のように書いた箇所で破綻する――そのことはドゥルーズとガタリのあいだの政治的観点の違いが未解決なままであったことを示しているように思われる――「多くのアナキストたちが東洋に由来するノマド的主題をもちだしたが、ブルジョワジーはすぐにプロレタリアとノマドを同一視し、パリを遊牧民が取り憑いた都市になぞらえるようになった」[13]。このような文脈からすると、シベリア草原の反ヘーゲル派の「アナキスト」地理学者ピョートル・クロポトキン――彼自身は共産主義者を自認していたが――を呼び起こすのがふさわしいように思われる。しかしけっきょくのところ、ドゥルーズの「ノモス」が正確にどのような政治形態をもたらすのかは、手探り状態で憶測されるままにとどまっている。それよりドゥルーズにとって重要だったのは、「ノモス」がもたらす思考の前‐哲学的なイメージであった。その座標は批判的であると同時に創造的なノマド哲学の考察によって再配置される。「真の批判と真の創造の条件は同一である。すなわち、それ自体を前提とする思考のイメージの破壊と、思考それ自体における思考行為の創造である」[14]。ドゥルーズにとって、このアナーキーな「イメージなき思考」は、その言い方が示すように、ノマド・アートの標語をモデルとしている。

私たちは『千のプラトー』から美的感性の政治学の中心となる別の概念を引き出すことができる[15]。ドゥルーズはノマディズムの概念によって、オリエンタリズムの論理あるいは多くのポストコロニアリズム思想が依拠する表象の「非‐批判的」モデルをきわめて厳しく批判すると同時に、それに代わる別のモデルを提示している。それは美と政治を結ぶきわめて強力な哲学的方法論として理解されるものである。

『千のプラトー』の最終章の終わりに、「ノマド・アート」と題された節がある。そこでドゥルーズとガタリが詩的に描きだした「砂漠の光景」――それはT・E・ロレンスやトーマス・ド・クインシー、そしてウィルフレッド・テジゲルに強く依拠した文章である――を、彼らのオリエンタリズム的傾向の証拠とみなしたい人がいるかもしれない。しかし、ここで次の事実を思い返すことは重要であろう。この著作を準備する期間――ドゥルーズとガタリがノマディズム、戦争機械、捕獲装置について深く検討していた時期――にガタリがパレスチナの知識人エリアス・サンバーに会っていたという事実である。サンバーは一九七八年にヴァンセンヌの会議で、イスラエル侵攻に対抗するためのゲリラ戦略を論じた人物である。その後、ガタリはドゥルーズにサンバーを紹介した。フランソワ・ドスによれば、その出会い以後、彼らのあいだに固い友情が結ばれ、それはドゥルーズが死ぬまで続いた。[16]そのことを示す事例を挙げると、ドゥルーズは一九七八年にサンバーと出会ってまもなく、イスラエルのパレスチナ占拠および中東における新植民地主義的な政策に強く反対する声明文を初めて書いた。[17]またドゥルーズはミニュイ出版社を促し、一九八一年にサンバーの雑誌『パレスチナ研究誌 Revue d'études palestiniennes』を出版させた。あたかもスピヴァクの「サバルタンは語ることができるか」におけるドゥルーズへの批判を先取りするかのように、ドゥルーズはこの雑誌で「パレスチナ人は攻撃的でも防衛的でもない新たな仕方で、世界と「対等」であり「他のどの民族とも同じ」民族として語ることができるのだ」と述べている。[18]サンバーはその後、パレスチナ代表団の外交担当者となり、二〇〇四年の著書『パレスチナ人の肖像——起源のアイデンティティ、生成のアイデンティティ』で「ドゥルーズに、彼の完璧な友情に敬意を表して」という献辞を付している。さらに言えばサンバーは、ドスによるインタビューで、ドゥルーズとガタリの著作は自身の思考にとって決定的に重要であり、彼らは「つねに私とともにいた」[19]と強調している。ドゥルーズはパレスチナに関する小論において、パレスチナ人の闘争を、ノマディズムや平滑空間といったきわめて抽象的な概念によって捉え、さらにそれを新植民地主義の政治と直接的に結びつけた議論を展開している。彼はパレスチナ人を「土地も国家ももたない人々」として描き出し、彼らの領土がイスラエル人によって「監視領域あるいは制御された砂漠」に変えられたと主張し、こう述べた。[20]「そもそもの初めから、イスラエルはけっしてその目標を隠さなかった。すなわちパレスチナ人の領土を空にするという目標である。これは明らかにパレスチナを植民地化することであるが、ただし十九世紀のヨーロッパのそれと同じ意味ではない。というのも、そこでは地元の住民は搾取されるのではなく、追い払われるからである」[21]。ふたたび言おう。ドゥルーズは「ノマド的ビジョン」を強調することにより、それをステレオタイプな東洋《オリエント》のイメージへと「再領土化」したのではなく、その倫理的かつ真に政治的な意義を明確にしたのである。それはオリエンタリズムを超えて、さらにはあらゆる規範的な語り方を超えて存在し表現する別の様式を制作し、構築する必要があることを論じるためであった。私たちが取り組まなければならないのは、次のようなことである。

マイノリティの言説……ベルクソンの言う「創話機能 fabulation」……を発明するためには、「主人あるいは植民地主義者の言説」から解放されなければならない。誰かを創話行為のうちに捉えることは、人民を構成する動きを捉えることである……。かつてパレスチナの人民は存在したか？　イスラエルはその存在を否定する。もちろん、パレスチナ人は存在した。しかし、そのことは重要ではない。問題は、自分たちの領土から追い出されるパレスチナ人は、抵抗すればするほど、その度合いにおうじて人民を構成する過程に入るということだ。まさしく、それは創話行為のうちに捉えられることに対応している。それこそは人民が構成される仕方である。したがって私たちは、植民者の言説の根底にたえず流れる強固な虚構に抗して、マイノリティの言説によって戦うのである[22]。

ドゥルーズは、「マイナー文学」と「来るべき人民」の概念において、この創話機能の意味をもっとも完全に示した。しかしガタリは、後にみるように、表象の論理を超えたまったく新しい記号論の体系を展開することの必要性を論じた。ガタリにとって、語ることや「代弁する speak for」ことができるかどうかは、もはや問題ではなかった。それよりも彼の問題は、ほとんど認識不可能な、別の表現形態が増殖できるようにすることだった。

『千のプラトー』で語られたノマディズムのもうひとつの重要な側面は、ノマドは「動かない」という側面である。これはガタリに由来する概念としてではなく、主にドゥルーズの概念として解釈されている。「彼らは移動しないからこそノマドなのである。彼らは平滑空間を手放さない。そして支配するか死ぬためでなければ、その平滑空間から離れることを拒否する。その場にとどまったまま旅をすること。それこそがあらゆる強度の名前である」[23]。すなわち、ノマディズムとは根本的に内包的（intensive 強度的）であり、外延的ではないのだ。それは主に（美学的で哲学的で科学的であり、かつ潜在的に政治的な）思考の運動に関わるものであって、すでに縞模様が描かれた砂漠の大地を横切るような「たんなる」物質的運動ではない。そこにこそドゥルーズとガタリを根本的に区別する点がある。ガタリの哲学的方法論もまたノマド的、あるいは彼自身の表現を使えば横断的と呼ばれるべきである。というのも、彼の方法論も必然的に多くの領域をまとめて切断すると同時に、それらのさまざまな意味を再地図化するからである。さらに、ドゥルーズと同じくガタリは、ノマド的思考をより具体的に活用し、自身の斬新な記号論体系をつうじて哲学の表象モデルを転覆させようとしたからである。そしてガタリは、その濃密な理論的領域を根底的な水準で芸術と政治に結びつけ、日本のような遠く離れた「エキゾチック」な場所に事例を求めた。ただしガタリは、その場所に向かって旅をしたし、おそらくある意味でその旅は彼にとって「必要」だった。ドゥルーズのノマディズムとは反対に、ガタリのノマディズムは落ち着きがなく、実存的で、より根源的である。実際、それは彼の思考の強度的な運動にとって、因果論的に先立つものであるように思われる。大人になってからのガタリは、一連のラディカルな政治集団や精神医療集団に緊密に関わり、そこから発想の源泉を得る生活を続けていた。「(それらの集団は) 目録をつくれるほど数多く、彼の人生のあらゆる局面にそれぞれ少しずつ異なる色合いを与えていた」[24]。一九八〇年代におけるガタリの実存的探求は、彼が「冬の時代」と呼んだ時期に最高潮に達した。この時期の彼は、フランスのさまざまな左翼政党や環境保護政党に幻滅し、イタリアのアウトノミアの仲間たちの投獄や地球全体へのエコロジー危機の広がりを目の当たりにしたほか、批判精神を失ったポストモダニズムが登場して六八年と七七年の思想的・政治的運動の急進性を無意味なものにしようとする状況に直面した。このときガタリは、晩年にゴーギャンが船で旅に出たように、自身の絶望と憂鬱から逃れるために、新しい具体的な「出口」を探していた。そのためにはフランスから永久に離れることも覚悟しながら、ガタリはブラジルと日本を何度も訪れ、まったく異なる環境で人間関係をつくりあげようとした[25]。

ガタリとは対照的に、ドゥルーズの旅にたいする個人的な嫌悪感は、ノマドと「動かない」ことが概念的に結びつく原因でもあるが、クレール・パルネによるインタビューの「旅 voyage のV」の箇所で明確に説明されている。そこで彼は、(たとえば他の知識人と会うことを目的とした) 旅は、「ノマドの」旅とは正反対のものです。誰かと話す、話す前に人々に会う、話した後で人々と会う、そうしたことのために地の果てまで行く、そのようなイメージは恐るべきものです。それは安っぽい断絶です……そうした旅行では真の断絶をつくりだすのに十分ではありません。もしあなたが断絶を求めるなら、旅とは別のことをするべきです。ノマドとは動かない人々を意味します……ノマドほど不動者はいません。ノマドほど旅をしない人々はいません。しかし、そこには真の断絶となるような旅があります……。ある意味で、私はまったく移動する必要を感じません。私にそなわる強度のすべては、不動の強度なのです……。そこにこそ私が地球哲学と呼ぶものがあり、深遠な土地があります。つまり、そこには私が旅行ではけっして見つけることができないような、私自身にとっての異邦の大地があるのです。(26)

興味深いことに、宇野邦一――ドゥルーズの教え子であり彼の主要作品の日本語への翻訳者――に宛てたガタリとの共同作業について説明した手紙の中で、ドゥルーズは「私自身の異邦の大地」における「不動の強度」が何を意味するかを明らかにしている。

ガタリはひとつの作業から別の作業に飛び移ることができます。彼はあまり眠ることなく、旅しつづけ、けっして立ち止まりません。それにたいして私は丘のようなものです。私はあまり動かず、一度に二つの仕事をすることができませんし、私がするちょっとした動きは内的なものなのです。(27)

『千のプラトー』の経験で、私たちの会話は省略記号だらけでしたが、私たちは多様な領域を横断し、さまざまな共鳴を響かせることができました。この本でもっとも素晴らしかった期間は、音楽とリトルネロ、戦争機械とノマド、動物への生成変化について私たちが書いていたときです。そのとき私は、フェリックスの呪文のような言葉をつうじて、奇妙な概念が宿る未知の領域を見つけた感覚を抱いたのです。(28)

一九九五年にドゥルーズの死去を受けて「ル・モンド」に掲載された追悼文の中で、宇野は恩師でもあり友人でもあるドゥルーズが、宇野の熱心な招待にもかかわらず日本を一度も訪れることがなかったことを嘆いている。周知のとおりドゥルーズは、日本の一部の映像作家たちに惹かれ(実際、彼の「行為 - イメージ action-image の危機」についての論考は、とりわけ黒沢、溝口、小津の作品に依拠している)、宇野への別の手紙で「日本映画は私にとってすばらしい発見だった(29)」と認めている。さらにドゥルーズは宇野にたいして、『襞』との関連でライプニッツの東洋《オリエント》への関心を探求したかったと述べ(30)、それを宇野の文章によれば「私が評価する一種のエキゾチックな感性(31)」であると説明している。宇野によれば「この潜在的次元においてドゥルーズと日本のあいだに何が起こったのかを理解するべき」である。というのも、「偉大な旅人とは言いがたい」ドゥルーズは、「真のノマディズムとはその場所を動かずに旅することであり、知覚不可能な閃光の中でほんのわずかな動きでたえず動きつづけること」であり、それはしばしば「大がかりな歴史的行為よりも生命にあふれている(32)」と考えていたからである。興味深いことに、宇野は先ほど挙げたドゥルーズへの追悼文で、「ガタリはドゥルーズにくらべてはるかに日本に魅了され、超近代的なものと古代的《アルカイック》なものの結合から生じたポスト工業時代の主体性の特異的創造に関心を抱いた」[33]と述べている。一九八三年、宇野はガタリを日本に招待し、彼の手助けにより「ガタリは沖縄の政治的緊張をはらんだきわめて闘争的な場所に赴き、いくつかの精神病院を訪問することができた」[34]。ここでようやく私たちは、ガタリのノマディズムにとって現実の旅が必要であったことを論じることができる。つまりガタリは、晩年の自身の美学的思想を明確化するために、日本の芸術家たちについての情報ではなく、現実に彼ら「と一緒に with」出会い、対話することを必要とした。実際、一九八〇年代にガタリは、日本と日本人芸術家の主題を繰り返し取り上げるようになった。それらの出会いを前提とすれば、彼の最後の著作『カオスモーズ』(一九九二年)——この著作は美学、倫理学、存在論、政治といった異なる領域を同一平面に刻み込んだ作品であり、したがってガタリのノマド的あるいは横断的な思考の実例として理解されるべきである——を新たな観点から解釈することが可能になる。実際、この美的・倫理的著作の根底に流れる「アニミズム」存在論の一部は、日本における彼のさまざまな出会いに由来していると考えられるからである。[35]さらに言えば、たとえばガタリは今井俊満を卓越した「カオスモーズの画家」と評している。[36]「冬の時代」のあいだにガタリが視覚芸術を扱った論考では、ジェラール・フロマンジェとバルテュスの芸術作品を分析した小論を除けば、日本人の芸術家たちの作品がもっとも重要な位置を占めている。その意味で彼らの作品は、私たちに『カオスモーズ』のいくぶん謎めいた美学的議論をよりよく理解させてくれるものである。この著作でガタリは「アルカイックな社会は、白人で男性の資本主義的な主体性よりも、他性 alterity の多面的な地図作成をするのに適した特徴をそなえている」と主張する。ガタリにとって、そのような地図作成は、資本主義による搾取と疎外の新たな形態に抵抗するための最初の段階として不可欠な作業だった。[37] また、この著作において彼は、機械状の動的編成に関する自身の存在論が「アニミズムの復活」を意図するものと定義している。[38] この『カオスモーズ』でガタリは日本の舞踏を手短に参照しているが、彼がそこで何をしようとしているのかを私たちが真に理解するためには、それを安易にオリエンタリズムやプリミティヴィズムへの傾斜として非難するのではなく、別のところに答えを求めなければならない。たとえばガタリは「誇らしげな東京」と題されたエッセイの中で、修辞的な言い回しで次のように問うている。「日本資本主義は幕藩体制時代の封建主義から受け継いだアニミズムの力と、いまやこの地ではすべてがそこに収斂されていくように見える近代の機械状の力との怪物的交雑の結果なのか？[39]」

ガタリは一九八一年の粉川哲夫との対談で、精神分析は「ある種の現実の解釈」を「主観性の新大陸」に投影するという植民地主義的な態度を繰り返すばかりだ、と述べている。このような精神分析の態度をガタリが批判する理由のひとつは、精神分析の主張は「われわれの社会の現実から逸脱して」おり、われわれの社会には「運動や国際組織や流派を形成したり、技術マニュアルを作成し」たちに思わせる何らかのものが現実に存在することにある。[40] この「何か」は儚い「モノ object」でありすることを望まない何らかのものが、「無意識の大陸の現実的な現れ方を考察し分析しよう」と私る。そしてガタリが思想史にもっとも独創的な貢献をするのもこの点にある。彼は生涯にわたり、ソシュール的な記号論の体系——これは人間と非人間の分割だけでなく、さまざまな種類の人間の表現それじたいのヒエラルキー化を進める方向性にある——よりも、はるかに広い範囲の可能的表現を覆うような、新たな記号論の体系を構築することを目指していた。

ガタリがアニミズムに関心を抱いたのは、まさにアニミズムがそのようなヒエラルキー化を崩壊させるからである。マウリツィオ・ラッツァラートが述べるように「個人を横断するアニミズムの多義的主体性は、身体やダンス、姿勢、振る舞い……の記号論的シンボルだけでなく、さらにリズムや音楽などの非シニフィアン的記号を生み出し、豊穣化する可能性を開くのである」[41]。ソシュールの記号論は十分に抽象的ではない。ただし、ここで抽象的というのは、具体的な事物の性質を帯びていないという意味ではない。なぜなら、実際には日常言語における表象的記号論によってのみ、記号は事物の直接的なつながりから相対的に切り離されてしまうからである。ガタリの記号論においては、言語や単語よりも「機械状の言表行為」のほうが優位である。というのも、その多種多様なしるし signs を内包した広大かつ複雑な動的編成において、言語や単語はそのもっとも薄っぺらな表層として現れるにすぎないからである。この体系は、四種類の主な記号領域から成り立っている。すなわち、①生物のＤＮＡや鉱物の結晶構造のような自然の非記号的コード化 ②身体的ジェスチャーやアルカイックな社会におけるような身振りやシンボル（あるいはプレ・シニフィアン）の記号論 ③ソシュールの表象的記号論 ④数学の公式や株価、コンピュータ言語だけでなく、リズムや持続、音楽や芸術や映画の強度なども含む非シニフィアン（あるいはポスト・シニフィアン）の記号論、である。とくにガタリの『カオスモーズ』においては、非シニフィアン的発話領域こそが現代における決定的に重要な critical 闘争の場所となる。すなわち、帝国に対抗する芸術の闘争である。現在、つまりラッツァラートが「非物質的労働」と呼ぶものが支配的になった時代に芸術が重要になるのは、芸術は資本の公理化をつねに逃れる「何か」を潜在的に表現するからである。そして芸術やシャーマニズムの実践のうちにもっとも明確に見出すことができる記号論的要素は、言語の連鎖のなかを通過せず、むしろ前意識的な情動や知覚をつうじて身体と直接的に結びつく物質的粒子、すなわち「力としての記号 power signs」なのである。[42] さらにいえば、それは意味作用を生み出すこともなければ「語る speak」こともなく、「現実への直接的かつ無媒介的な衝撃」をつうじて機械的に作用し、「何らかの行為、反応、振る舞い、態度、姿勢」[43]の引き金になる。そこにガタリの倫理的・美学的議論の核心がある。芸術は、私たちのうちに非シニフィアン的記号論の領域を潜在的に構成する。それは「アニミズム社会で〈マナ〉が循環するのとまったく同じような仕方」で、ある論理——ガタリは「伝染」や「情動的転移」、「非自然的参加」など、さまざまな名前で呼んでいる——によって循環する。[44] それこそが私たちが現代のコントロール社会の支配から逃れ、新たな「個人的かつ集団的な主体化の自由なプロセスの実践」[45]を発展させるために必要なものである。さらに、そこで非シニフィアン的記号論の美学は「現代の資本主義において中心的かつ決定的な役割を果たすとともに、その「政治」批判のための条件をつくりだす」ものとなる。[46]

それらの振る舞いは「表象」の論理を逃れる論理にもとづいて公共空間に現れたり消えたりする……。それらの振る舞いが目指しているのは、表象でもなければ権力の把握でもなく、横断的かつ分子状に新たな感性と新たな社会関係を構成することである。[47]

ここにガタリが日本に魅了された究極の理由がある。それは批判的ノマディズムと呼ばれるべきもので、すなわち西欧の高度資本主義の諸条件を超える、倫理的・美的思考の横断的様式に依拠するノマディズムである。その思考が批判的と呼ばれるのは、アナーキーでノマド的な非シニフィアンの記号論の平面の内部で、認識不可能な語りを聞き取りながら思考するかぎりにおいてである。ガタリの日本における対話者によれば、ガタリ自身の望みとは反対に、「超近代的なものと古代的《アルカイック》なものの結合は、実際にはもはや機能しない」[48]だけでなく、けっきょく「日本は〈第三世界を解放する中心〉にならなかった」[49]。それにもかかわらず、さまざまな芸術作品の中には、統合された世界資本主義によるコード化から逃れるものがあり、そこに芽生えているサバルタン的でアニミズム的な記号‐粒子を見出すことには、たしかに潜在的な革命であるような何かがある。

この小論を締めくくるに当たり、すこし別の主題に触れておきたい。それはガタリの美学的思想を解明するための手助けとなるような芸術作品を探すという主題に関連した事柄である。私の考えでは、一九八〇年代のガタリは、倫理的・美学的な「力としての記号」を西洋美術以外のどこかに探さなければならなかった。その理由は、ガタリがあまり好んでいなかった西洋の現代美術の歴史に関係するものであり、彼が潜在的なオリエンタリズムやエキゾティシズムを抱えていたことにあるのではない。八〇年代には、たとえばゲオルク・バゼリッツ、ゲルハルト・リヒター、そしてアンセルム・キーファーといったネオ・エクスプレッショニストたちが作品を制作していた――そして私が見るところ、それらの作品の中には非シニフィアン的記号論の平面をきわめて力強く表現しているものもある。にもかかわらず、しばしば彼らは、ジェフ・クーンズをはじめとする愚かなポストモダニズムの芸術家とくらべて政治的にも美学的にも反動的とみなされている。つまり、彼らは美術史の公式な物語にとって時代錯誤的であり、したがって現代的感覚を伝える美術作品としては役不足であるというわけだ[50]。しかし、そのような観点とはまったく異なり、ガタリはネオ・エクスプレッショニズムやポストモダニズムを問わず、現代の西洋美術全般が、情動や知覚のあらゆる循環を妨げるような息苦しい制度的構造の中に完全に捕らわれていると考えていた。つまり彼は、たんにそれと別のものを見つけなければならなかったのだ。

現代美術は制度の枠組に閉じ込められたままであるとしか言いようがない。そこにあるのは参照の宇宙、経済的評価も含めた価値評価の宇宙である。それが現代美術の作品を一定の枠にはめ、作品として認定し、社会的領域にその作品を結びつけているのだ[51]。

一方、一九八〇年代の日本はいくつかの点において、すでに西洋では不可能になっていた「第二波アヴァンギャルド」のまっただ中にあった。そしてガタリが傾倒した特定のアーティストたち、すなわち田中泯、田原桂一、草間彌生、今井俊満などは、もっともそう呼ばれるのにふさわしい作家たちだった。おそらくガタリは、統合された世界資本主義が席巻する状況において、自身の倫理的・美学的パラダイムが未来を切り開くものとなるために、それらの人物を必要としていたのだ。ガタリが実践し、語り、書いたものすべてが、主体的であると同時に政治的な解放を重要な目的としていたのは明らかである。そのようなガタリの美学的・倫理的・政治的な領域が複雑に絡み合った思想は、強力な目的論とは言えないにせよ、特定の方向性をそなえていると考えられる。それは不定型の非シニフィアンとしてのモノ‐記号の「美的知覚」[52]から始まり、「プロセス的創造性」[53]を経て、「作品の現場、潜在的実践」[54]を知らせ、最終的に「倫理‐政治的」[55]と呼ばれるものに至る、という方向性である。だからこそ彼は、「思考の美学的な力は、たとえ原理的には（思考の）他の諸力と同じとみなされるとしても、（われわれの非物質的労働と記号資本主義の時代において）特権的な地位」を占めている、と主張するのだ。[56]

たとえ日本が第三世界を解放する中心にならなかったとしても、一部の日本のアーティストたちは、主体性の根本的な再編成に向かう「地球‐美学」的パラダイムを表現しており、それは最終的に「グローバル・マルチチュードの非ヨーロッパ中心主義の世界観」[57]に道を切り開くものである。ドゥルーズとガタリは彼らの最後の共著において、哲学は根本的に古代ギリシャの現象とみなされるにせよ、その前哲学的な基盤は「オリエントとの境界」での出会いにおいて確立された、と主張している。[58]そこで彼らが直接的に参照したのは、イオニア沿岸に棲んでいたヘラクレイトスと前ソクラテス哲学である。そして興味深いことに、彼らはそれに続く数頁を「中国の六芒星、ヒンドゥー教の曼荼羅、ユダヤ教のセフィロト、イスラム教のさまざまな想像上の事物」――ようするに東洋的《オリエンタル》なダイアグラム的図式――のあいだの関係と哲学的思考の誕生を論じるために費やしている。[59]このような地球哲学の謎めいた概要――それはガタリの倫理的・美学的パラダイムの概要でもある――を念頭に置くことによって、私たちは次のような芸術家たちを理解することができる。すなわち、それは田中泯の「感覚の異境に踊る……産業的アイデンティティの此方で／語りのプログラミングの彼方で」[60]の身体運動であり、田原桂一の「形態の常識的な捉え方を解体する」とともにその「ダイアグラムは、予見可能な境界線などなく自己同一的な限界を設けることもない世界を、われわれに投げかけてくる[61]」写真機械であり、草間彌生の「例外的な主体化（と美学）の装置[62]」であり、今井俊満の「表象は内破し、もはや善悪二元論的価値化や明確な対立のない世界へと分岐」することで「睫の先や蝶の翅の上にくっついて、夏の狂おしく舞う砂塵や地下のワイン蔵のなかに放たれる」ような「非定型的、非場所的、非時間的な言表行為の不動の震動[63]」に向かうアンフォルメル絵画、ようするに「新しい感性と新しい社会関係の横断的かつ分子状の構成[64]」を促すような仕方で主体性を再構築するための特異的な試みである。機械状エロスとは、そのような理解を可能にする観点なのである。

（1）Michael Hardt and Antonio Negri, *Multitude: War and Democracy in the Age of Empire* (New York: Penguin, 2004), p.129.

（2）Félix Guattari, *The Machinic Unconscious*, trans. Taylor Adkins (New York: Semiotext(e), 2010), p.157.

（3）François Dosse, *Gilles Deleuze and Félix Guattari: Intersecting Lives*, trans. Deborah Glassman (New York: Columbia University Press, 2010), p. 481.

（4）Félix Guattari, *Chaosmosis: An Ethico-aesthetic Paradigm*, trans. Paul Bains and Julian Pefanis (Bloomington: Indiana University Press, 1995), p. 101-102.

（5）Caren Kaplan, *Questions of Travel: Postmodern Discourses of Displacement* (Durham: Duke

University Press, 1996), p. 88. See also Christopher Miller, *Nationalists and Nomads* (Chicago: University of Chicago Press, 1999), pp. 171-210 and Gayatri Spivak, "Can the Subaltern Speak?" in Cary Nelson and Lawrence Grossberg, eds., *Marxism and the Interpretation of Culture* (University of Illinois Press, 1988), pp. 271-313.

(6) See Ronald Bogue, *Deleuze's Way: Essays in Transverse Ethics and Aesthetics* (Hampshire: Ashgate, 2007), pp. 113-165 and Simone Bignall and Paul Patton, eds., *Deleuze and the Postcolonial* (Edinburgh: Edinburgh University Press, 2010).

(7) Gilles Deleuze and Félix Guattari, *A Thousand Plateaus*, trans. Brian Massumi (Minneapolis: University of Minnesota Press, 1987), p.381.

(8) Peter Kropotkin, *The Conquest of Bread and Other Writings*, ed. Marshall Shatz (Cambridge: Cambridge University Press, 1995), p. 236.

(9) Gilles Deleuze, *Difference and Repetition*, trans. Paul Patton (New York: Columbia University Press, 1994), p. 36. Cf. Deleuze and Guattari, *A Thousand Plateaus*, pp. 480-481.

(10) Deleuze and Guattari, *A Thousand Plateaus*, p. 495.

(11) Plato, *The Laws of Plato*, trans. Thomas Pangle (Chicago: University of Chicago Press, 1988), p. 133.

(12) Deleuze, *Difference and Repetition*, pp. 276, 278.

(13) Deleuze and Guattari, *A Thousand Plateaus*, p. 558 n. 61.

(14) Deleuze, *Difference and Repetition*, p. 139.

(15) ノマド・アートの詳しい説明については以下の拙論を参照。"What is Nomad Art? A

Benjaminian Reading of Deleuze's Riegl" in *Deleuze Studies* 6.1 (February 2012), pp. 27-41.

(16) Dosse, *Intersecting Lives*, p. 259.

(17) Gilles Deleuze, "The Troublemakers," *Discourse* 20.3 (Fall 1998), pp. 23-24.

(18) Gilles Deleuze, "The Indians of Palestine" in *Two Regimes of Madness*, trans. Ames Hodges and Mike Taormina (New York: Semiotext(e), 2007), pp. 194, 199.

(19) Dosse, *Intersecting Lives*, p. 261.

(20) Deleuze, "The Troublemakers," pp. 23-24.

(21) Gilles Deleuze, "The Grandeur of Yasser Arafat," *Discourse* 20.3 (Fall 1998), p. 31.

(22) Gilles Deleuze, *Negotiations*, trans. Martin Joughin (New York: Columbia University Press, 1997), p. 125.

(23) Deleuze and Guattari, *A Thousand Plateaus*, p. 482.

(24) Gary Genosko, "Know Your Enemy: From Integrated World Capitalism to Empire" in Félix Guattari, *The Party without Bosses* (Winnipeg: Arbeiter Ring, 2003), p. 15.

(25) Genosko, "Know Your Enemy," p. 7.

(26) Gilles Deleuze, "V as Voyage" in *Gilles Deleuze from A to Z*, trans. Charles J. Stivale (Cambridge: MIT, 2011), video.

(27) Gilles Deleuze, "Letter to Uno: How Félix and I Worked Together" in *Two Regimes of Madness*, p. 237.

(28) Deleuze, "Letter to Uno," pp. 239-240.

(29) Gilles Deleuze, "Letter to Uno on Language" in *Two Regimes of Madness*, p. 202.

(30) Dosse, *Intersecting Lives*, p. 481.
(31) Kuniichi Uno, "Japon: le rendez-vous manqué," *Le Monde* (10 November 1995).
(32) Uno, "Japon: le rendez-vous manqué."
(33) Uno, "Japon: le rendez-vous manqué."
(34) Dosse, *Intersecting Lives*, p. 482.
(35) ガタリのアニミズム概念についての詳細な分析については、以下の拙論を参照。"Video Assemblages: 'Machinic Animism' and 'Asignifying Semiotics' in the Work of Melitopoulos and Lazzarato" in *Footprint* 14 (Spring 2014), pp. 53-68.
(36) Félix Guattari, "Toshimitsu Imai: Painter of Chaosmosis".〔本書「〈カオスモーズ〉の画家、今井俊満」〕
(37) Guattari, *Chaosmosis*, p. 45.
(38) Guattari, *Chaosmosis*, p. 77.
(39) Félix Guattari, "Tokyo, the Proud".〔本書「誇らしげな東京」〕
(40) Félix Guattari, "Translocal: Tetsuo Kogawa interviews Félix Guattari".〔本書「粉川哲夫によるインタビュー――〈トランスローカル〉をめぐって」〕
(41) Angela Melitopoulos and Maurizio Lazzarato, "Machinic Animism," p. 246.
(42) Félix Guattari, *Molecular Revolution: Psychiatry and Politics*, trans. Rosemary Sheed (London: Penguin, 1984), p. 127.
(43) Maurizio Lazzarato, "Semiotic Pluralism and the New Government of Signs: Homage to Félix Guattari," trans. Mary O'Neill, online at http://eipcp.net/transversal/0107/lazzarato/en

（44）Maurizio Lazzarato, "Existing Language, Semiotic Systems, and the Production of Subjectivity in Félix Guattari" in *Cognitive Architecture: From Biopolitics to Noopolitics*, by Deborah Hauptmann and Warren Neidich (Rotterdam: 010 Publishers, 2010), p. 515.ed.

（45）Maurizio Lazzarato, "Semiotic Pluralism."

（46）Lazzarato, "Existing Language," p. 512.

（47）Maurizio Lazzarato, "What Possibilities Presently Exist in the Public Sphere?" trans. Nate Holdren, online at http://www.generation-online.org/p/fplazzarato4.htm

（48）Uno, "Japon: le rendez-vous manqué."

（49）Toshiya Ueno, "Guattari and Japan," *Deleuze Studies* 6 (May 2012), p. 190.

（50）ガタリは『分裂分析地図作成法』においてネオ・エクスプレッショニズムを明らかに無視している。*Schizoanalytic Cartographies*, trans. Andrew Goffey (London: Bloomsbury, 2012), p. 37.

（51）Félix Guattari, "On Contemporary Art: Interview with Oliver Zahm" in *The Guattari Effect*, ed. Éric Alliez and Andrew Goffey (London: Continuum, 2011), p. 46. Translation modified.

（52）Guattari, *Chaosmosis*, p. 131.

（53）Guattari, *Chaosmosis*, p. 13.

（54）Félix Guattari, "Ritornellos and Existential Affects," in *The Guattari Reader*, ed. Gary Genosko (London: Blackwell, 1996), p. 166.

（55）Félix Guattari, "Regimes, Pathways, Subjects," in *The Guattari Reader*, p. 104.

（56）Guattari, *Chaosmosis*, p. 101.

（57）Hardt and Negri, *Multitude*, p.157.

（58）Gilles Deleuze and Félix Guattari, *What is Philosophy?* trans. Hugh Tomlinson and Graham Burchell (New York: Columbia University Press, 1994), p. 87.

（59）Deleuze and Guattari, *What is Philosophy?*, p. 89.

（60）Félix Guattari, "Butoh" in this volume, p. 41.［本書「舞踏」］

（61）Félix Guattari, "The 'always never seen' of Keiichi Tahara".［本書「田原桂一の〈未視感〉」］

（62）Félix Guattari, "The Rich Affects of Madam Yayoi Kusama".［本書「草間彌生の〈豊かな情動〉」］

（63）Félix Guattari, "Imai: Painter of Chaosmosis".［本書「〈カオスモーズ〉の画家、今井俊満」］

（64）Lazzarato, "What Possibilities Presently Exist in the Public Sphere?"

【邦訳のある引用文献リスト】

Angela Melitopoulos and Maurizio Lazzarato, "Machinic Animism", *Deleuze Studies* 6.2 (2012)［アンジェラ・メリトプロス＋マウリツィオ・ラッツァラート「機械状アニミズム」中倉智徳訳（『現代思想』二〇一二年一月号、青土社、二〇一二年、一二六―一三五頁］

Félix Guattari, *Psychanalyse et transversalité*, (Paris: Editions François Maspero/La Découverte, 1972/2003)［フェリックス・ガタリ『精神分析と横断性――制度分析の試み〈新装版〉』杉村昌昭・毬藻充訳、法政大学出版局、二〇一二年］

Félix Guattari, *Chaosmosis*, trans. P. Bains. and J. Pefanis (Bloomington: Indiana University Press, 1995)［フェリックス・ガタリ『カオスモーズ』宮林寛・小沢秋広訳、河出書房新社、二〇〇四年］

Félix Guattari, *The Machinic Unconscious*, trans. T. Adkins (Los Angeles: Semiotext(e), 2011), p.149.［フェリックス・ガタリ『機械状無意識——スキゾ分析』高岡幸一訳、法政大学出版局、一九九〇年］

Félix Guattari, *Schizoanalytic Cartographies*, trans. A. Goffey (London: Bloomsbury, 2013)［フェリックス・ガタリ『分裂分析的地図作成法』宇波彰・吉沢順訳、紀伊國屋書店、一九九八年］

François Dosse, *Gilles Deleuze and Félix Guattari: Intersecting Lives*, trans. Deborah Glassman (New York: Columbia University Press, 2010), p. 481.［フランソワ・ドス『ドゥルーズとガタリ——交差的評伝』杉村昌昭訳、河出書房新社、二〇〇九年、新装版、二〇二四年］

Gilles Deleuze, *Difference and Repetition*, trans. Paul Patton (New York: Columbia University Press, 1994)［ジル・ドゥルーズ『差異と反復（上・下）』財津理訳、河出文庫、二〇一〇年］

Gilles Deleuze, *Negotiations*, trans. Martin Joughin (New York: Columbia University Press, 1997)［ジル・ドゥルーズ『記号と事件——１９７２－１９９０年の対話』宮林寛訳、河出文庫、二〇一〇年］

Gilles Deleuze, *Two Regimes of Madness*, trans. Ames Hodges and Mike Taormina (New York: Semiotext(e), 2007)［ジル・ドゥルーズ『狂人の二つの体制１９７５－１９８２』『狂

人の二つの体制1983－1995』宇野邦一ほか訳、河出書房新社、二〇〇四年〕

Gilles Deleuze and Félix Guattari, *Anti-Oedipus*, trans, R, Hurley et al (New York: Viking, 1977)〔アンチ・オイディプス――資本主義と分裂症（上・下）』宇野邦一訳、河出文庫、二〇〇六年〕

Gilles Deleuze and Félix Guattari, *A Thousand Plateaus*, trans. B. Massumi (Minneapolis: University of Minnesota Press, 1987)〔ジル・ドゥルーズ＋フェリックス・ガタリ『千のプラトー――資本主義と分裂症（上・中・下）』宇野邦一ほか訳、河出文庫、二〇一〇年〕

Michael Hardt and Antonio Negri, *Multitude: War and Democracy in the Age of Empire* (New York: Penguin, 2004)〔アントニオ・ネグリ＋マイケル・ハート『マルチチュード――〈帝国〉時代の戦争と民主主義』幾島幸子訳、ＮＨＫブックス、二〇〇五年〕

Peter Kropotkin, *The Conquest of Bread and Other Writings*, ed. Marshall Shatz (Cambridge: Cambridge University Press, 1995)〔ピョートル・クロポトキン『クロポトキン Ⅱ』長谷川進・磯谷武郎訳、三一書房、一九七〇年〕

Plato, *The Laws of Plato*, trans. Thomas Pangle (Chicago: University of Chicago Press, 1988)〔プラトン『法律（上・下）』森進一・池田美恵・加来彰俊訳、岩波文庫、一九九三年〕

訳者解説

ガタリの「日本論」について

杉村昌昭

本書は以下の書物の全訳である。*Machinic Eros: Writings on Japan* by Félix Guattari. Edited by Gary Genosko and Jay Hetrick, Univocal, 2015.

翻訳に至る過程を簡単に記しておこう。

二〇一五年、本書の原著が出版された直後、編者のひとりギャリー・ジェノスコから、「フェリックス・ガタリの日本論」を集めた本を刊行したので送りたい、ついては住所を知らせてほしい、というメールが届き、しばらくして本が届いた。ざっと中身をみたところ、収録されているガタリのテクストは私がすでに翻訳してさまざまな本に収録したものがけっこうあったので、ジェノスコにはいまのところ邦訳刊行するつもりはないとメールした。その後二〇一八年にカルチュラル・タイフーンの大会のゲストとしてジェノスコが龍谷大学にやってきたときにも彼に直接そう伝えた。

それ以後私はこの本の存在をまったく忘れてしまっていたのだが、昨年、スペインの新進のガタリ研究者、カルロス・セゴヴィアを本訳書の共訳者である村澤真保呂が中心となって日本に招待したさい、何か話のネタはないかと探していて、この本のことを思い出した。カルロスもこの本のことを知っていて、欧米のガタリ研究者の間ではよく知られた本であることがわかり、改めてこの本を評価し直した。そして今年、フランソワ・ドスの『ドゥルーズとガタリ　交差的評伝』の新装版を出す話が河出書房新社の藤﨑寛之さんからあり、東京でお会いしたときに、この「ガタリの日本論」の邦訳刊行について検討をお願いしたところ、快諾していただいたというしだいである。

私が当初断念した邦訳刊行を改めて思いついた大きな理由は二つある。ここに集められているガタリのテクストの多くは、日本でもそれぞれがさまざまな書籍に収録されたり、パンフレットに邦訳掲載されたりしているが、今では手に入らないものも含めて、ばらばらに散逸した状態にある。これを一書で読めるのはたいへん意義深いと思ったことがひとつ。もうひとつは、「ガタリと日本」というテーマはジェノスコとヘトリックが本書の第二部で論じているように、日本文化について新たな視角を提供してくれるだけでなく、ガタリの基本思想を理解するうえでも重要な視点を提供してくれるのではないか、と考えたということである。

「I」のガタリのテクストは杉村が、「II」の二論文は村澤が翻訳を担当したので、「訳者あとがき」は「I」については杉村が書き、「II」については村澤が解説を加えることにした。

＊

本書に収められているガタリの日本関連のテクストのほとんどが、ガタリが「冬の時代」と命名した一九八〇年代前半から後半にかけてのものであることを念頭に置こう。この時期、ガタリは一九八一年に誕生したフランスのミッテラン社会党政権に肩入れしたのも束の間、すぐにこの政権の新自由主義的方向転換に落胆・絶望して「冬の時代」と命名した。このことをガタリの哲学的社会思想に引きつけて言い換えるなら、ガタリはもはやヨーロッパ（広く言えば欧米）のなかに自分の思想の割り込む余地がないと認識したということである。この欧米社会に対する否定的認識によってガタリは日本への関心を高めるようになったのだろう。日本は欧米的であっても欧米化しきれない異邦の土地だからである。あるとき「あなたは日本のどういうところに関心があるのか？」と尋ねた私に向かって、ガタリは「日本に関わることはなんでも私の関心を引くんだよ（tout ce qui concerne le Japon m'intéresse）」と答えにならないような返事をしたことを思い出す。日本のあれやこれやへの部分的関心ではなく全体としての日本への関心だったのだろう。

要するにガタリは自らの思想を日本社会（とくにその反映としての日本のアーティストの営為）に重ね合わせて思想的延命の活路を見つけようとしたのだ。ガタリは日本のアーティストを〝出し〟にして自分の思想を展開したと言ってもよい。そこから「ガタリの日本論」の副産物が生まれる。つまり日本の読者は本書を通してガタリの思想の真髄に触れることができるということである。

冒頭の「誇らしげな東京」、「粉川哲夫によるインタビュー」（これはガタリの理論と実践がどのように結びついているかを明らかにした出色のインタビューである）、「田中泯との対話」を除いた書き下ろしテクストのタイトルを見てみよう。「顔貌機械」、「カオスモーズ」、「建築機械」といったようにガタリ的概念が使用されている。また各テクストの文中でも「機械」（「機械状」）、「言表行為」、

「領土」(「領土化」「脱領土化」「再領土化」)、「動的編成」、「特異性」(「特異化」「再特異化」)等々、ガタリ的用語が随所に用いられている。ガタリは自分の創造した概念を日本のアーティストや日本社会を分析する道具として使っているのである。あるいは自分の創造した概念にふさわしい美学を日本のアーティストのなかに見いだそうとしていると言ってもよい。

なかでも高松伸へののめり込み方は尋常ではない。それはガタリが高松の作品を奥深い日本性を宿したものと見なしているからである。次のような叙述にその一端を見て取ることができる。

「彼［高松］の作品を主体的言表行為産出機械としての建築、もっと言うなら実存的転移産出機械としての建築として捉えねばなるまい。こうした角度から高松の作品を見ると、そこには、主体的な脱中心化の作用を発動するためのある装置から別の装置への移動という、日本文化の特性に深く根ざした創造的方向を認めることができる。高松の建築作品においては、最も抽象的なものが最も具体的なものや最も直接的なものの連続体のなかに存在する。たとえば京都の有名な禅寺龍安寺の石庭(の石)は、自然の要素であると同時に抽象的な構成物でもある。日本文化におけるこうした主体性(主体化)のテクノロジーの事例はかぎりなくあり、華道、茶道、武道、相撲、能、文楽などの伝統のなかにそれを認めることができる」(九九ページ)

しかしガタリが高松の建築作品のなかに認めるのはこうした日本的美学との共通性だけではない。ガタリは高松の作品を「特異性」や「特異化」といった自分の主要な思想的概念を現実的に展開できる格好の対象として捉えている。「高松伸との対話」にはガタリが高松を自分の思想的土俵に組み込んでいこうとする強い意志が感じられる。たとえば高松の作品が一見周囲と不調和な「特異な」建造物でありながら、逆に周囲のたたずまいを従来の姿から一変させる効果を持つことを強調する。これが「特異性」であり「特異化」にほかならない。これは単に建築作品だけにあてはまることではない。ガタリはこの概念をもともとさまざまな社会現象や社会運動にあてはめていた。この概念をガタリはアートにも応用したということだ。それは高松作品にかぎらず、本書に収録されている他のアーティスト（田原桂一、今井俊満、草間彌生）にも適用されている手法である。これらのアーティストは日本的精神に根ざしながら、そこからの脱出、漏出、逃走の方向（〝再特異化〟という新たな〝主体化〟）を示唆してくれるというわけだ。

ガタリは高松作品を一方で日本的伝統と結びつけながら、他方で最も先端的な「特異性」を担った作品として位置づけようとしているが、この伝統と革新をつなぐ「抽象的美学」はどう機能しているのか。これは私の妄想かもしれないが、ガタリは高松作品の存在様態のなかに日本の神社仏閣を思い浮かべていたのではないか。神社仏閣は日本において様式化された普遍的建造物だが、その存在様態の「特異性」が周囲の環境に少なからぬ影響を及ぼす。神社仏閣は今では近代的建造物に囲いこまれて周囲の風景への影響力はかつてよりはるかに低下しているとはいえ日本人の主観性の奥深くに根付いている。この客観的・主観的に周囲の「たたずまい」を変える「神社仏閣的特異性」は高松作品の風景を異化する〈環境構成機能〉に通じるところがある。誤解を恐れずにあえて言うなら、ガタリは高松の作品をいわば「ポストモダンの神社仏閣」と捉えていたのではないか。ガタリの連想力の強度を考えればありえないことではないと私には思われる。もしガタリがもう少し長生きして、一九九八年拙宅から遠くない妙見山に建造された〈能勢妙見山信徒会館　星嶺〉というとびきり特異な高松作品を見たら、どう言っただろうか?

ジェノスコとヘトリックが編集したこの本のなかのガタリのテクストは直接的に日本を論じたものではなく、主要には日本のアーティストを折に触れて論じたものである。しかしこの時期のガタリの日本への関心は高く、他の著作にも日本への言及が随所に見られる。たとえば『三つのエコロジー』(平凡社ライブラリー)でガタリは、第二次大戦後の世界の社会形態について論じながら次のように述べている。「日本とイタリアの例は意義深いものがある。というのも、この両国はともにきわめて遠い過去と結びついた集合的主観性(日本の場合は神道−仏教にさかのぼる、またイタリアの場合は族長支配の時代にさかのぼる)に先端産業を接ぎ木することに成功した例と見なすことができるからである」

ガタリは現代日本社会のなかにプレモダン・モダン・ポストモダンの混成体を見ていたのである。〈カオスモーズ〉と言ってもいいだろう。そしてこれがとりもなおさず「機械状エロス」に通じる。「機械状エロス」という表現は「誇らしげな東京」のなかで使われているもので、本書の編者が考案したものではなく、ガタリ自身の表現である。ガタリが頻用する「機械」とか「機械状」という表現は言わずもがなとして、ガタリ直系のイタリアの思想家フランコ・ベラルディ(ビフォ)の定義に耳を傾けよう。ここでガタリの「エロス」とは何か。ビフォは近著『第三の無意識——ウイルス時代の精神空間』(拙訳、航思社刊)のなかで次のように述べている。「ジョルジュ・バタイユがエロティシズムの過剰について語るとき、彼が言いたいことは、エロティシズムは必要に対応するものではないということ、自己保存に従うものではないということ、延命のためではないということである。エロティシズムは、われわれが見たことがないものを見ようとする欲望であり、触れることが許されないものに触れようとする欲望であり、自分自身にリスクを冒させようとする欲望である。エロスとは知識に還元されえないものについての知識であり、還元の試みを超える知識である。それは捕獲されることに絶えず身をさらしながら、捕獲されることを絶えず免れる未知のものである」。この定義に則って簡略化すれば、エロスとは〈生を突き動かす多様な知的情念の力〉とでも言えようか。そのようなエロスが日本のアーティストのなかで「機械状」に作動して革新的な表現を生み出しているとガタリは見なしているのである。

ガタリは自らが考案した現代社会の分析と変革のための諸概念を日本社会に適用しようとしたのだが、そのとき彼がとくに注目したのは特異なアーティストたちである。彼らの知的情念表現のなかに日本のみならず世界の未来をきりひらく活路を見いだそうとした。しかしガタリの日本に関する展望は必ずしもポジティブな方向に向かっているだけではない。ガタリは日本社会の曖昧なゆらぎをも見届けようとした（とくに「誇らしげな東京」）。それはなによりも日本の地政学的な位置に由来する。西洋と「第三世界」（いまは「グローバルサウス」という呼称で呼ばれる世界）との狭間に置かれた日本社会の主体性のゆらぎである。

日本は西洋からの影響を最も濃厚に受けた東アジアの一国である（ちなみに紛争の絶えない中東地域は「西アジア」であることを忘れないようにしよう）。そうであるがゆえに西洋とアジアを架橋することができる絶好の位置に置かれている。にもかかわらずその架橋の潜在力を現働化できないでいる。というよりもそうした好条件に置かれているという自己認識すら十分に持たないまま政治的に西洋に強く傾く偏向的なゆらぎを体現し続けている。「ガタリの日本論」は日本が自ら招いたこの隘路からの脱出の方向を示すものである。日本は自らの地政学的な世界的特異性を自己認識し再特異化への道に向かわなくてはならないということだ。

ガタリの日本社会への〝ポジティブなまなざし〟は逆説的に日本社会のネガと矛盾を改めてわれわれに突きつける。それは日本人が気づかない日本社会の現代的基層をえぐりだしているからである。ガタリのテクストは日本人の誰もが往々にして忘れがちな世界的次元における日本の可能性の道筋を思い起こさせてくれる。ありがたい思想家と言わねばなるまい。

本書のガタリのテクスト集成の最後尾に置かれた「都市論」はガタリの〝現実的ユートピア思想〟が横溢した力作である。それは日本を直接の対象としたものではないが、日本を含む世界の未来のパースペクティブを予言的に素描しており、『三つのエコロジー』の思想を世界の現状（一九八九年！）に即して具体的に展開した希有な試論として、いまなおアクチュアリティーを失っていないきわめて貴重なテクストである。このテクストが日本において日本人に向けた講演原稿であることを銘記しなくてはなるまい。

（付記）本書の第一部はガタリのフランス語のオリジナルテクストを英訳したものから成っているため英文読者のための「注」がついているが、その多くは日本の読者にとって不要なものと判断し（とくに「誇らしげな東京」の「注」）、本訳書では削除したことをおことわりしておきたい。

編者の二論文について

村澤真保呂

本書はガタリによる日本および日本人アーティストに関連したテクストを集め、さらに編者のギャリー・ジェノスコとジェイ・ヘトリックによる解説を兼ねた論文を付したものである。編者たちの観点では、社会運動にとって「冬の時代」だった一九八〇年代にガタリが日本とブラジルを訪れた経験は、その後のガタリの思想（とくにエコロジーと美意識に関する晩年の思想）に大きな飛躍をもたらす転機になった、とみられている。ガタリのブラジル滞在に関連したテクストとその意義については別の著作（フェリックス・ガタリ／シュエリー・ロルニク『ミクロ政治学』杉村昌昭・村澤真保呂訳、法政大学出版局）の翻訳と解説に譲り、またガタリ自身の日本滞在については共訳者である杉村が本書に付した解説に譲るとして、ここではジェノスコとヘトリックの論文について、若干の補足と解説を加えたい。

編者たちについて

まず本書の編者であり論文の著者である二人の紹介をしておこう。

ギャリー・ジェノスコ（カナダ・オンタリオ工科大学社会科学・人文科学教授）はガタリ研究とコミュニケーション理論・デジタルメディア研究の領域で多くの業績を挙げており、学術的にはカルチュラル・スタディーズの流れに位置づけられる研究者である。

一九八〇年代のメディア理論・思想において主流であった記号論に反旗を翻し、その机上の空論ぶりを暴いた著書『ボードリヤールと記号』（一九九四年）により学術界の注目を集め、そこからメディア研究における「批判的記号論 Critical Semiotics」の潮流の創始者となった。続く『ガタリ読本』（一九九六年）でガタリの主要論文の英語訳を刊行し、その詳細なテキストの読解もあいまって、ジェノスコは英語圏におけるガタリ研究の実質的な先駆者となった。その後もメディア（言語・記号）の観点から精力的なガタリ研究を続け、いまやメディア・コミュニケーション研究の領域ではサイバーカルチャーやメディア社会論の研究者として、他方では英語圏で随一のガタリ思想の研究者として国際的に知られるようになった。日本でジェノスコは、杉村昌昭らによる翻訳書（『フェリックス・ガタリ——危機の世紀を予見した思想家』）によって初めて紹介され、二〇一八年に訳者たちの招待に応じて来日したことを契機に、現在にいたるまで訳者たちと親しい交流が続いている。

ジェノスコにおいてメディアとガタリ研究が結びついたのは、次のような理由がある。ジェノスコの「批判的記号論」は、記号論に傾斜する既存のメディア社会論が、あまりに情動や身体、主体性の領域を無視する傾向にあること、また（インターネットにより加速する）資本主義に協調的で、かつそれがもたらす病理に無関心であることへの批判として出発した。そこからジェノスコは、記号論に依拠したラカン派精神分析を批判して独自の「反‐記号論」的思想を展開したガタリのうちに、資本主義的な記号論的メディア社会論とは別の方向性と、インターネットがもたらした高度な記号消費社会の病理を克服する可能性を見出した。本書のジェノスコ論文も、そのような彼自身の研究上の主題にもとづいてガタリの日本への関心の所在を考察したものである。これまでのジェノスコの主な著作は以下のとおり。

●コミュニケーション理論／カルチュラル・スタディーズの著作

Remodeling Communication: From WWII to WWW, University of Toronto Press 2012［コミュニケーションを再構築する——第二次世界大戦からインターネットまで］

When Technocultures Collide: Innovation from Below and the Struggle for Autonomy, Wilfred Laurier University Press 2013［テクノカルチャーが衝突するとき——下からのイノヴェーションと自律のための戦い］

Critical Semiotics: From Information to Affect, Bloomsbury Academic 2016［批判的記号論——情報から情動へ］

●ガタリ（ドゥルーズ）研究の著作

The Guattari Reader, Wiley-Blackwell 1996［ガタリ読本］

Deleuze and Guattari: Critical Assessments of Leading Philosophers, Volumes I, II, & III. London and New York: Routledge, 2001［ドゥルーズとガタリ――先駆的哲学者たちの批判的評価］

Félix Guattari: An Aberrant Introduction, London and New York: Continuum Press, 2002［フェリックス・ガタリ――異端的序説］

Machinic Eros: Writings on Japan (co-edited with Jay Hetrick), Minneapolis: Univocal, 2015（本書）

Félix Guattari: A Critical Introduction, Modern European Masters Series. London: Pluto Press, 2009（杉村昌昭・松田正貴訳『フェリックス・ガタリ――危機の世紀を予見した思想家』法政大学出版局、二〇一八年）

The Reinvention of Social Practices: Essays on Félix Guattari, London: Rowman & Littlefield International, 2018［社会的実践の再発明――フェリックス・ガタリ論集］

さらに日本語で読むことができるジェノスコの著作としては、二〇一八年に京都でおこなわれたシンポジウムの原稿をもとにした二つの論文が邦訳されている。

「トランプ時代のミクロファシズム」松田正貴訳（村澤真保呂・杉村昌昭・増田靖彦・清家竜介編『フェリックス・ガタリと現代世界』ナカニシヤ出版、二〇二二年、三-二〇頁）

「資本主義的主観性の急激な変化」村澤真保呂訳（同書、一三七-一四六頁）

次に、もうひとりの編者であるジェイ・ヘトリックについて。アメリカ合衆国出身の気鋭のガタリ研究者であるヘトリックは、ヒッピーの両親の下で育ったことから、若い頃からドゥルーズ＝ガタリの「ノマド」概念に強い関心を抱き、その研究をするためにイギリスのミドルセックス大学でエリック・アリエズの指導を受け、ドゥルーズ＝ガタリの思想と芸術の関係に関する博士論文を執筆した。現在、アラブ首長国連邦のシャージャ大学の芸術・デザイン学部准教授として芸術史と芸術思想の分野を担当している。芸術史に関する広範な知識をそなえており、とくに現代美術に造詣が深く、また日本や韓国などアジア圏の現代美術の動向に詳細な知識をそなえている。また、ガタリに強い影響を受けたイタリア人哲学者マウリツィオ・ラッツァラートの英語圏への紹介者のひとりである。

Maurizio Lazzarato, *Videophilosophy: The Perception of Time in Post-Fordism*, edited and translated by Jay Hetrick, Columbia University Press, 2019［ビデオ哲学――ポストフォーディズムにおける知覚について］

ヘトリックは以前からジェノスコと研究上の深い交流を結んでおり、本書ではガタリのフランス語テクストを英語に翻訳するにあたり、日本の現代アートや建築に関するヘトリックの専門的知識がおおいに発揮されたと聞いている。本書に掲載されたヘトリックの論文は、彼のドゥルーズ＝ガタリの「ノマド」概念への関心に加え、日本の現代芸術についての彼の研究が存分に活かされたものである。

彼の研究の特徴は、ドゥルーズ＝ガタリの思想に立脚しつつ、とくに「(美的) 感性」の水準で芸術とその背景にある政治・社会・経済を分析することにあり、そのような観点からこれまでノマド・アート、アンリ・ミショー、パゾリーニなどの芸術に関する論文を多く公表している。近年はジェノスコと同様に、「反‐記号論」的な観点からメディア（およびメディア・アート）の研究に取り組んでおり、今年八月に公刊されたばかりのガタリのポストメディア論を扱った新著がその成果を示している。

On Critical Postmedia and Korea: Philosophy, Technology, Literature, Lexington Books, 2024［批判的ポストメディアと韓国について――哲学、技術、文学］

編者たち二人の紹介はこの程度にとどめ、次に二人の論文について簡潔に紹介しておきたい。

ジェノスコ「情動的転移と日本の現代アート」

この論文は、ジェノスコが自身の批判的記号論の中心的課題である「情動」に焦点を当て、ガタリの情動に関する思想を掘り下げ、そこからガタリの日本人アーティストに対する関心の所在を考察するものである。ただしこの論文は、その構成も題材も、また書かれた文脈も複雑であるうえ、ガタリの著作でもっとも難解とされる『機械状無意識』と『分裂分析的地図作成法』にもとづく抽象的な議論を展開しているため、ガタリ初心者にとっては本書の中でもっとも難しく感じられるだろう。そのため、ここでは訳者の観点から読者が理解しやすくなるよう、論文の前提となっているガタリ思想を簡潔に説明し、そのうえで論文の概要を紹介する。

①四機能図式――流れ、機械状の門（系統流）、宇宙、実存的領土

最初に説明しておくべき前提は、ガタリの『分裂分析的地図作成法』に示されたスキゾ分析の四機能図式である。

デカルトやカントに代表される近代哲学およびその前提を共有する近代の科学的世界観は、誤解を怖れず箇略化するなら、個物から全体が構成されるという原子論的な世界観である（これはドゥルーズ＝ガタリにおいては「ツリー型」の世界観とみなされる）。それは言い換えれば、世界を「モノ（客体）」とみなすことでもある。デカルト以後、近代の思考はそのような観点にもとづいて、人間と世界を主体と客体に分割し、そこから主観と客観の区別が打ち立てられた。

しかし近代以前の宗教的思考においては、世界を「コト」とみなす観点が主流だった。たとえば個人を社会の最小単位とみなす近代の社会科学的観点は、個人こそがもっとも確実な実在とみなすことから成り立っている。しかし宗教的思考においては、限られた寿命の一時的な存在である個人よりも、それをつくりだす永遠の原因であり条件である世界や神のほうがもっとも確実な実在である。宗教的思考においては、個人はこの生成する世界におけるひとつのコト（出来事）として捉えられるからである。たとえば海面に浮かんでは消えるひとつひとつの波を個人にたとえるとしたら、それらを生み出す海という永遠の水の流れは神に相当する。ちなみにスピノザ哲学では前者は「様態」、後者は「実体」と呼んで区別され、ライプニッツ哲学では前者は「論証（言説）discursive」の領域、後者は非論証的（非言説的）な「出来事 fact」の領域として区別される。

ガタリは近代的な「モノ」の世界観にたいして、このようなスピノザやライプニッツの流れを汲む前近代的な「コト」の世界観を導き入れる。すなわち「モノ」の世界――ただしガタリにおいては「モノ＝物質」ではなく、信号や電流、情報、運動など非物質的実在も含まれる――である客体性（客観性）の領域と、「コト」の世界である主体性（主観性）の領域を並置させる。ガタリはさらに、この二つの世界のそれぞれに「ミクロ（微分）」と「マクロ（積分）」の区別を設けることで、四機能図式の基本的要素を定める。すなわち客観的な「モノ」の世界を構成する個々のミクロな要素が「流れ（F）」であり、それが結びついて作動する機械状のマクロな集合体が「門（系統流、Φ）」である。他方の主観的な「コト」の世界（精神内の世界でもある）の核心にあるミクロな要素は「実存的領土（T）」であり、それを中心として諸要素が結びついて構成されるマクロな集合体が「宇宙（U）」である。ここで潜在的な主観的領域（UとT）にたいして客観的領域（ΦとF）は現働的であり、実在的なミクロ領域（FとT）にたいしてマクロ領域（ΦとU）は可能的である。以上をまとめて図に示すと次のようになる。

なお四機能図式についてさらに詳しい解説が必要であれば、以下の著作・論文に目を通すことをおすすめする。

上野俊哉『［決定版］四つのエコロジー――フェリックス・ガタリの思考』コトニ社、二〇二四年
山森裕毅『フェリックス・ガタリの哲学』人文書院、二〇二四年
村澤真保呂「〈宇宙〉を回復する――〈ジャン＝バチスト症例〉を題材として」（『フェリックス・

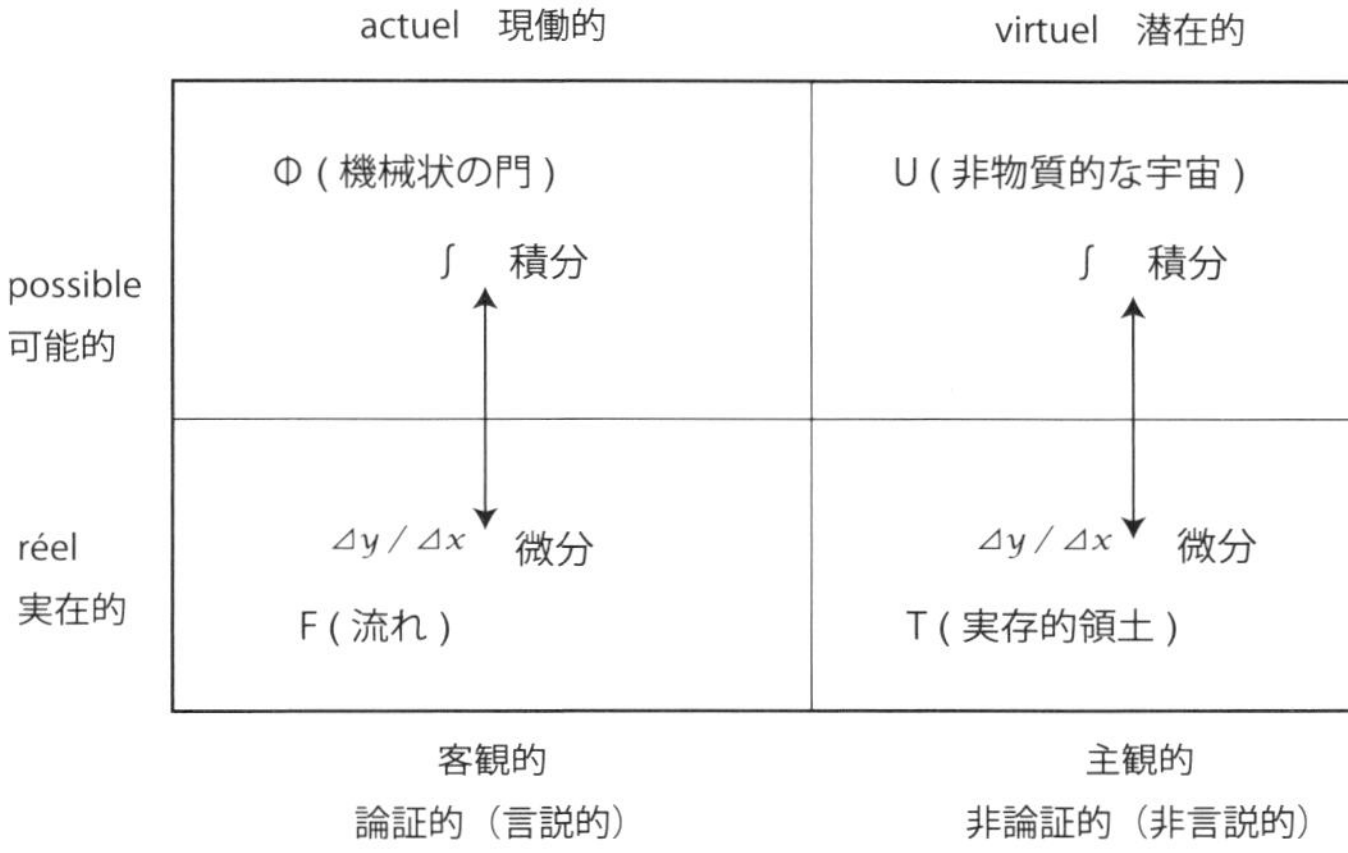

図　ガタリの四機能図式の概要

ガタリと現代世界』、二一九－二四二頁）

②言説と言表行為（表現行為）

ここで「言表行為（表現行為）enunciation」という概念について若干の補足をする必要があるだろう。というのもジェノスコが頻繁に参照するこのガタリの概念は、本論文の鍵概念だからである。ただしその意味は、この日本語に訳された言葉で一般にイメージされること（言葉を使って何かを言い表すこと）とはかけ離れている。

ガタリはイェルムスレウにならい、表現に内容は先立つと考える。たとえば詩を挙げると、まず詩の内容が生まれた後、それが言語をつうじて表現される。スピノザ哲学では内容が実体に、詩の言葉が様態に相当する。先の四機能図式では非論証的（非言説的）領域が実体であり、論証的（言説的）領域が様態である。ところで内容が形をとって表現されるのは、かならずしも言語によるとは限らない。踊りや絵画、建築もそうである。さらに言えば、生物界や物質界の目に見えるあらゆる事物も、生命や大地、自然という内容が形をとって表現されたものである。ガタリにおいては、そのような内容がさまざまな段階とプロセスを経て表現へと移行することが言表行為(enunciation)と呼ばれる。したがって言表行為という概念には、かならずしも言語による表現だけでなく、建築物のデザインやダンスの踊り方、絵画のタッチ、地域が開発される光景をはじめ、あらゆる表現プロセスが含まれる。本論文に限り、非人間的事物(建物や絵画、環境など)についての説明で使われていることから読者に違和感を生じさせないために、この用語を「言表行為」ではなく「表現行為」と訳した。また「enunciator」という語も、従来の「言表行為者」では長くなるので「表現者」とした箇所がある。この点について読者にご了承いただきたい。

③情動的知性と日本人アーティスト

精神療法家としてのガタリが統合失調症の病理の核心にあるものとみなしたのは、患者の精神内という非言説的で主観的な領域(宇宙と実存的領土)が、患者を取り巻く環境の言説的で客観的な領域(抽象機械としての門と流れ)に圧倒されることにより、崩壊していることだった。つまり患者は、自分の精神内の宇宙のなかで、自分の居場所(実存的領土)を失っているのである。そのことは患者が、自身の精神内に自身を表現するための内容がないこと、すなわち主体性が失われていることを意味している。したがってガタリにとって治療は、患者の非言説的で主観的な宇宙と実存的領土をともに回復することであった。

ジェノスコによれば、ガタリにおいて非言説的で主観的な領域を再構成する原動力が「情動」である。そして、その領域を経験し、再構成するために作動する知性が「情動的知性」である。それは精神内の宇宙と実存的領土を結びあわせ、主体性の核を構成する能力である。情動は、さまざまなバラバラの素材を横断的に結びつけ、非言説的な領域に新たな宇宙（カオスモーズ）を創造し、経験するだけではない。さらにその宇宙を内容として客観的な言説的領域における表現へと至ると、その表現は周囲の人々の情動に作用し、情動的な集合性を獲得させる。それが情動的転移である。ガタリが日本の芸術家や舞踏家、写真家、建築家などアーティストたちとの交流をつうじて探り、そして見出したのは、そのような情動的知性の働きであり、その表現がもたらす情動的転移の効果である。

以上はジェノスコの論文について、その基本的な前提と主題を訳者の観点から説明しなおしたにすぎず、本論ではガタリについてここで述べたよりもはるかに詳細かつ精緻な議論が展開されている。しかしこれ以上は紙数に限りがあるので、さらに補助的な説明が必要と感じる読者のために、次の参考文献を挙げておく。

伊藤守『フェリックス・ガタリの思想――生の内在性の哲学』青土社、二〇二四年

これはジェノスコと同じくメディア社会論の専門家である伊藤守が、ジェノスコとほぼ同様の観点からガタリの著作を詳細に解説した著作であり、本論文で使用されるガタリ用語の多くが詳しく説明されている。

ヘトリック「批判的ノマディズム?——日本におけるフェリックス・ガタリ」

この論文は、ドゥルーズとガタリの「ノマド」「ノマディズム」概念を導きの糸として、ガタリの日本への関心を考察したものである。前述したジェノスコ論文にくらべると主題も構成もシンプルであり、ガタリの美学と日本の関係を正面から取り上げていることにくわえ、本書全体の主題と内容を解説する内容になっているため、ここでは最小限の解説にとどめておく。

この論文は、ガタリが八回も日本訪問を繰り返した理由を、ほとんど旅をしなかったドゥルーズと比較して、両者の「ノマディズム」の違いのうちに求める。ヘトリックによれば、実際に移動することなく、外部世界からの刺激を求めず、思考の中だけで旅をするドゥルーズの「ノマディズム」と、実際に旅を繰り返し、意欲的に新たな出会いを求め、その刺激によって思想をたえず更新していたガタリのそれとの違いは、たんに二人の嗜好や性格の違いを示すだけでなく、二人の思想の違いを象徴的に示している。ガタリのノマディズムは、ドゥルーズのように内部(哲学)に向かう旅ではなく、つねに外部(政治、社会、環境)と内部(思想)のたえざる往還と相互変容の旅であった。ヘトリックはそれを「批判的ノマディズム」と呼ぶ。

ここで「批判的 critical」および「批判 critic」という語は、現在の日本で一般に流布されている意味(たとえば文句を言う、誤りを指摘する、ケチをつけるといった意味)とは大きく異なるので、少し説明しておきたい。ヘトリックが訳者に直接語ったところによれば、この語はカント的な意味だけでなく、フーコーによる次の定義に即して用いられている。すなわち批判とは「対象に対する私たちの知識の条件と限界を明らかにする［というカント的な定義］と同時に、主題を変容させるための条件とその無限の可能性を明らかにしようとする哲学的アプローチである」（Michel Foucault, *The Politics of Truth*, ed. Sylvère Lotringer, Semiotext（e）, 2007, 153）。

ガタリが「冬の時代」と呼んだ八〇年代、つまり思想界もメディアも市民運動も資本主義体制を前提として受け入れ、批判的な精神を失った時代、ガタリの内部と外部のあいだの往還運動と相互変容が妨げられる。そこからの出口を求めて見出したのが日本（とブラジル）だった、というのがヘトリックの仮説である。事実、当時のガタリはフランスを捨てて他の国に移住することを検討するほどだったと伝えられる。

そのようなガタリが日本で見出したのは、「超近代的なものと古代的《アルカイック》なものの結合から生じたポスト工業時代の主体性の特異的創造」であり、「カオスモーズ」を体現するアーティストたちだった。先述した四機能図式の概念でいえば、それは外部の「超近代的」な客観的世界と精神内の「古代的」な主観的世界を結ぶ「情動」の実存的作用であり、その表現者たちである。また、それは内的で主観的な無限の潜在世界としての「カオスモーズ」と、外的で客観的な作品（建築、絵画、写真、踊り）のあいだの、往還と相互変容のプロセスでもある。そして、それこそはガタリの「批判的ノマディズム」の実践にほかならない。ヘトリックによれば、そこにガタリが日本に魅了された大きな理由があり、またガタリの美術評論のなかで日本人アーティストに関するテクストが圧倒的に多いことの理由がある。

さらにヘトリックが指摘するのは、日本滞在以後のガタリがアニミズムとともに美学的領域についての関心と議論を深めていくことである。つまりガタリは、非シニフィアンと情動の美学のうちに現代の資本主義体制を批判し、転覆させるための核心を見出すようになる。本書では暗示的な言及にとどまっているが、かりにヘトリックが考えるように、ガタリが日本滞在を契機に晩年のエコロジーと美学の思想を新たな仕方で展開するようになったのだとしたら、そこで日本のアーティストたちの果たした役割はそれなりに大きかったのかもしれない、と推測することができる。そうであれば、「冬の時代」の西欧資本主義世界に戻ったガタリにとって日本はまさに「カオスモーズ」——今井俊満が芸術界の諸制度に固められた現実世界を内的カオスモーズへの往還によって変革するように——だったと述べても、大きな間違いではないように思われる。

（付記）訳者たちの本書の翻訳・解説に関わる研究活動について、龍谷大学国際社会文化研究所（二〇二三〜二〇二四年度共同研究「フェリックス・ガタリ思想の共同研究と国際研究拠点の整備」）の支援に感謝する。

Imai: Painter of Chaosmosis（〈カオスモーズ〉の画家、今井俊満）
trans. Jay Hetrick

Originally published in Toshimitsu Imai, *Imai: Hiroshima* (Tokyo: Gallery Gan, 1997), pp. 16-17.

The Rich Affects of Madam Yayoi Kusama（草間彌生の〈豊かな情動〉）
trans. Gary Genosko

IMEC ET 06-19 Fonds Guattari. Typescript, 2 pages, no date.

The Architectural Machines of Shin Takamatsu（高松伸の〈建築機械〉）
trans. Tim Adams and Catherine Howell, revised by Jay Hetrick

Originally published in *Chimères* 21 (Winter 1994), pp. 127-41.

Singularization and Style: Shin Takamatsu in Conversation with Félix Guattari（高松伸との対話——特異化とスタイル）
trans. Wayne Lawrence and Elizabeth Cheng

Originally published in Parallax 7.4 (2001), pp. 131-137.

Ecosophical Practices and the Restoration of the "Subjective City"（エコゾフィーの実践と主体的都市の復興）
trans. Kuniichi Uno et al., revised by Gary Genosko

Originally published as "Restoration of the Urban Landscape" in Riichi Miyake, ed., *Proposal from Nagoya* (Nagoya: Japan Institute of Architects, 1989), pp. 85-95. The conference talk was augmented for publication by Guattari. This translation by Gary Genosko follows, with some of Guattari's interpolations from his talk in Nagoya remaining, the longer version published in Chimères 17 (1992), pp. 1-18.

※本書の原書（英語版）は以下のテクストに基づいている

Tokyo, the Proud（誇らしげな東京）
trans. Gary Genosko and Tim Adams

Originally published in *Deleuze Studies* 1.2 (December 2007), pp. 96-99.

Translocal: Tetsuo Kogawa Interviews Félix Guattari
（粉川哲夫によるインタビュー——〈トランスローカル〉をめぐって）
trans. Adam Colin Chambers, revised by Jay Hetrick

Partially published in *Hype_Text* #1 (Autumn 2000), pp. 1-12. Interviews conducted on 18 and 24 October 1980 and 22 May 1981 (Tokyo, Japan).

Butoh（舞踏）
trans. Gary Genosko

Originally published in Félix Guattari, *Les Années d'Hiver: 1980-1985* (Paris: Les prairies ordinaires, 2009), p. 266. Presentation of a Butoh dance program by Min Tanaka, 1984.

Body-Assemblage: Félix Guattari and Min Tanaka in Dialogue
（田中泯との対話——身体の動的編成をめぐって）
trans. Toshiya Ueno and Toulouse-Antonin Roy

Originally published in Min Tanaka and Félix Guattari, *Velocity of Light, Fire of Zen: Assemblage 85*, Shuukanbon Weekly Book 35 (June 1985), pp. 9-33.

Keiichi Tahara's Faciality Machines（田原桂一の顔貌機械）
trans. Andrew Goffey

Originally published in Félix Guattari, *Schizoanalytic Cartographies*, trans. Andrew Goffey (London: Bloomsbury, 2013), pp. 247-252.

The "always never seen" of Keiichi Tahara（田原桂一の〈未視感〉）
trans. Jay Hetrick

Originally published in Félix Guattari, *Les Années d'Hiver: 1980-1985* (Paris: Les prairies ordinaires, 2009), pp. 267-69. Bulletin of the French Book published by the Embassy of France in Tokyo, 1st quarter 1985.

著者

フェリックス・ガタリ（Félix Guattari）

1930～1992年。フランスの哲学者・精神分析家。ジル・ドゥルーズとともに『アンチ・オイディプス』『千のプラトー』『哲学とは何か』などの歴史的名著を遺す。単著に『精神分析と横断性』『分子革命』『機械状無意識』『人はなぜ記号に従属するのか』『闘走機械』『分裂分析的地図作成法』『三つのエコロジー』『カオスモーズ』『リトルネロ』『精神病院と社会のはざまで』『エコゾフィーとは何か』など。

編者

ギャリー・ジェノスコ（Gary Genosko）

カナダ・オンタリオ工科大学社会科学・人文科学教授。ガタリ研究の他、コミュニケーション理論・デジタルメディア研究の領域で多くの業績を挙げている。

ジェイ・ヘトリック（Jay Hetrick）

アラブ首長国連邦・シャージャ大学芸術・デザイン学部准教授。アメリカ出身の気鋭のガタリ研究者。M・ラッツァラートの英語圏への紹介者のひとりでもある。

訳者

杉村昌昭（すぎむら・まさあき）

龍谷大学名誉教授。フランス現代思想専攻。著書に『漂流する戦後』『資本主義と横断性』『分裂共生論』など。訳書に、ガタリ『分子革命』『精神分析と横断性』『三つのエコロジー』、ドス『ドゥルーズとガタリ　交差的評伝』、ネグリ『構成的権力』、ラッツァラート『資本はすべての人間を嫌悪する』、モラン『戦争から戦争へ』、ビフォ『第三の無意識』など多数。

村澤真保呂（むらさわ・まほろ）

龍谷大学社会学部教授。社会思想史・環境思想専攻。著書に『都市を終わらせる』『異界の歩き方――ガタリ・中井久夫・当事者研究』（共著）『里山学講義』（共編著）など。訳書に、シュトレーク『資本主義はどう終わるのか』（共訳）、タルド『模倣の法則』（共訳）など。

Félix GUATTARI:
MACHINIC EROS: Writings on Japan
Edited by Gary Genosko and Jay Hetrick
Minneapolis © 2015, Univocal Publishing
"Pathic Transferences and Contemporary Japanese Art" © Gary Genosko
"Toward a Critical Nomadism? Félix Guattari in Japan" © Jay Hetrick
Japanese translation published by arrangement with Emmanuelle Guattari and Bruno Guattari through The English Agency (Japan) Ltd.

機械状エロス　日本へのまなざし

2024年12月20日　初版印刷
2024年12月30日　初版発行

著　者　フェリックス・ガタリ
編　者　ギャリー・ジェノスコ／ジェイ・ヘトリック
訳　者　杉村昌昭／村澤真保呂
装　幀　松田行正＋山内雅貴（マツダオフィス）
発行者　小野寺優
発行所　株式会社河出書房新社
〒162-8544
東京都新宿区東五軒町2-13
電話03-3404-1201（営業）
03-3404-8611（編集）
https://www.kawade.co.jp/
組　版　KAWADE DTP WORKS
印　刷　株式会社暁印刷
製　本　加藤製本株式会社

Printed in Japan
ISBN978-4-309-23167-9